돈 되는 공부가 진짜 공부다

박현영

박현영 작가는 고려대학교 불어불문학과를 졸업한 후, 육군 학사장교로 복무하며 리더십과 조직 관리 능력을 쌓았다. 이후 하와이은행에서 펀드매니저로 근무하며 금융 분야의 경험을 쌓았고, JP모건에서 애널리스트로 활동하며 국제 금융 시장에 대한 깊은 이해를 발전시켰다. 현재는 박현영 영어수학학원의 원장으로 재직하며 교육 현장에서 학생들의 성장을 돕고 있다.

작가는 이러한 다양한 경력을 기반으로 현대 사회의 교육 시스템, 부모와 자녀 간의 관계, 그리고 개인의 성장에 대한 문제를 제기한다. 특히, 비싼 물질적 가치를 넘어서 개인의 내적 성장과 진정한 교육의 의미를 탐구하는 내용을 주로 다루는 그의 글은 독자들로 하여금 교육의 본질에 대해 다시 생각하게 만드는 힘을 가지고 있다. 또한, 부모들이 자녀 교육에 접근하는 방식에 대해 깊이 있는 질문을 던지며, 현대의 교육 환경이 자녀들에게 주는 심리적 압박과 그로 인한 문제들을 다룬다.

진짜 공부법으로 앞서가고 싶은 너에게

돈되는 공부가 진짜 공부다

박현영 지음

들어가며

공부의 목적은 돈

자식 교육에 대한 부모의 기대치를 우유에 빗대 표현한 농담이 있다. 유치원생은 아인슈타인 우유, 초등학생은 서울우유, 중학생은 건국우유, 고등학생은 저쪽 지방에 있는 대학이라도 가라고 저지방우유를 마신다는 것이다.

나는 그간 부모들이 아이에 대한 기대를 내려놓는 과정을 줄곧 봐 왔다. 설사 머리가 좋은 아이가 노력을 많이 해서 입시에 성공한다 해도 대학 졸업 이후에 내려놓음의 과정을 또 겪는다. 저성장 때문이다. 저성장 시대엔 좋은 대학을 나와도 취업이 안 된다. 설사 취업을 해도 오래 가지 못한다. 대학 졸업 후 임시직으로 일하거나 청년 실업 상태가 되는 건 이제 흔한 일이 되었다. 그렇다면 공부를 하란 말인가 하지 말란 말인가?

답은 돈 공부에 있다. 공부를 하되 그 목적을 돈을 버는 능력을 키우는 데 두라는 말이다. 바다를 보면 바닷물이 많다. 이 세상엔 바닷물만큼이나 돈이 많다. 이 많은 돈의 바다에서 어떻게 하면 평생 동안 내가 필요한 만큼의 돈을 퍼낼 수 있을까? 방법은 간단하다. 눈앞

돈 되는 공부가 진짜 공부다

의 성적에 일희일비하는 공부가 아닌 평생 돈 되는 공부를 하는 것이다.

최고의 부자 워런 버핏이 1,000조 원을 모은 것은 주변에 현혹되어 일희일비하는 주식 투자를 통해서가 아니라 평생을 지속해 온 독서와 공부 그리고 자기와의 싸움을 통해서였다. 빌 게이츠는 말했다. "태어나서 가난한 건 당신의 잘못이 아니지만, 죽을 때도 가난한 건 당신의 잘못이다." 해리 포터의 작가 조엔 롤링도 현대 사회에서는 돈이 마법이라고 말했다. 아무리 아니라고 부정해도 우리 행복의 바닥에 우리 불행의 바닥에 돈이 있다. 돈은 이 시대를 움직이는 가장 강력한 힘이자 가장 근본적인 원리이기 때문이다.

나는 두 아이를 키운 부모로서, 나와 같은 부모들이 생돈 안 쓰고 쓸데없는 마음고생하지 않고, 또한 학생들은 공부 무기력에서 벗어나 알찬 학창 시절을 보내길 바라는 마음에서 졸필을 무릅쓰고 펜을 들었다.

차 례

들어가며   4

1장 진짜 공부의 힘   11

01 톱질   13

02 디딤돌   15

03 공부를 잘하는 비결이 뭐냐고?   17

04 하늘이 본다   19

05 Study Style과 Life Style   21

06 비싼 운동화   22

07 안 하면 불안하니까 하는 공부   23

08 반에서 2등 못 해도 괜찮다   25

09 공부역전 인생역전   26

10 레이업 슛과 수능역량   28

11 미래형 인재와 수학   30

12 인생의 본질, 입시의 본질   32

13 치킨, 공부만이 살 길   34

14 부자가 되는 비결   36

15 공부 안 한 대가가 너무 큰 나라   37

16 강남   40

17 가난을 대물림하는 이유   42

18 평생 학교 때 버릇 그대로   44

19 공부 못해도 괜찮다   46

20 학원을 옮겨도   47

21 반항   48

22 금융 공부   49

2장 **함께하는 부모의 힘**   **51**
─────────────────────────────────────

01 자본주의와 스마트폰   53

02 대한민국 입시제도의 진실   55

03 스파르타식   57

04 인디언 추장   58

05 자전과 공전   60

06 선행과 수포자   62

07 양치기   63

08 국제용 영어 내수용 영어   65

09 의대 쏠림과 늦머리   68

10 학원에서 자기주도학습을 한다고?   70

11 엄친아   72

12 영재학원   74

13 어설픈 우등생   75

14 인서울 정도는   77

15 매몰비용의 오류   79

16 공부 안 한다 그랬잖아   81

17 입시 트라우마   84

18 실패는 성공의 어머니   86

19 공부머리와 창의성   88

20 못질 하나라도   90

21 명문대보다 부자   92

3장 실전 공부의 힘

95

01 숙제가 없으면 불안한 엄마　　　　　　97

02 100점 아니면 안 되는 엄마　　　　　　99

03 엄중한 아빠　　　　　　100

04 역할을 잃기 싫은 엄마　　　　　　102

05 언제나 이유가 있는 아이　　　　　　106

06 몸이 말을 안 듣는 아이　　　　　　108

07 곁가지 학원　　　　　　111

08 시간만 중요한 엄마　　　　　　114

09 급할수록 기초부터　　　　　　116

10 이중자음만 못하는 아이　　　　　　119

11 야간대학에 다니는 엄마　　　　　　121

12 헬리콥터 아빠　　　　　　123

13 특별하게 키운 아이　　　　　　126

14 옷 수선사업이 딱인데　　　　　　128

15 한 과목만 성적이 좋은 아이　　　　　　131

16 요리사 꿈을 접고 공부를 시작한 아이　　　　　　133

17 횟집 아들　　　　　　136

18 손으로만 공부하는 아이　　　　　　138

19 엉뚱한 생각만 하는 아이   140

20 문제풀이만 하는 아이   142

21 일부러 망가진 아이   144

22 플래닝의 힘   146

23 영어 하나만 잡아도   150

맺음말   153

작가 인터뷰   155

1장
진짜 공부의 힘

01

톱질

나무꾼이 톱질을 한다. 톱날이 무디다. 지나가던 사람이 톱날을 갈라고 조언한다. 하지만 나무꾼은 "바빠 죽겠는데 무슨 날을 갈아요!" 하면서 계속 톱질을 한다. 나무꾼이 톱질을 하는 이유는 팔 운동을 하기 위해서가 아니라 나무를 팔아 돈을 벌기 위해서다.

우리가 공부를 하는 이유는 살아 있는 한 공부를 통해 돈을 벌기 위해서다. 진정한 공부는 학교 졸업 후부터이고 사회에서의 공부는 대개 돈과 연결되기 때문이다. 하지만 많은 학생들은 나무꾼이 그저 톱질만 하듯이 그저 시험공부만 한다. 사실 시험은 보기 전에 까먹느냐 본 후에 까먹느냐에 달렸을 뿐이다. 학원에서 내주는 과도한 단어 숙제는 쪽지시험을 볼 때까지만 기억된다. 중학교 때의 기억력 위주의 유형반복학습은 중간고사, 기말고사까지만 유지된다. 결국 남는 건 이렇게도 해 보고 저렇게도 해 보며 치열하게 고민하여 스스로 터득한 자신만의 문제해결 능력이다. 이 능력으로 고등학교 공부도 해내고 세상 이치를 공부하여 돈도 버는 것이다.

젊었을 때 나는 미국 하와이은행의 펀드매니저였다. 당시 내가 일을 할 때마다 나의 상사가 했던 말이 있다. "그거 돈 돼?" 돌이켜 생각하면 그때 나는 그저 톱질을 하고 있었다. 톱날을 날카롭게 갈아 돈나무를 싹둑 잘라 와야 하는데 말이다. 이제 와 내가 아이들에게 가르쳐 주고 싶은 것은 단순한 교과 지식이 아니다. 공부하는 방법이다. 그 기본은 모르는 걸 그냥 넘기지 않는 자세다. 많은 학생들이 공부를 하긴 하지만 제대로 알고자 하는 마음은 없다. 대형 학원은 학생이 몰라도 그냥 넘어간다. 작은 학원 역시 학생의 공부 방법에 주목하지는 않는다. 그저 많이 외우고 많이 풀게 할 뿐이다.

나는 나의 학생들이 나와 있는 동안 공부 방법을 제대로 터득하여 그 방법으로 계속 공부를 이어 가 태평양 바다만큼 넘쳐흐르는 세상의 돈을 이 나라로 쓸어오는 인재들이 되기를 희망한다. 사실 내가 젊었을 땐 위의 백범 김구 선생님 말씀 같은 거창한 바람 같은 건 없었다. 그런데 내 남은 인생 후학을 가르치겠다고 나서고 나니 촉이 살아 있고 자세가 좋은 학생들을 보면 은근히 기대를 하게 된다.

돈 되는 공부가 진짜 공부다

디딤돌

한 성직자가 독일의 한 마을에 방문했다. 마을에서는 그를 환영하고자 오리 사냥 축제를 열었다. 오리 한 마리를 공중에 던지자 사냥꾼이 활을 쏘았다. 화살에 맞은 오리는 호수 중앙으로 떨어졌고 한 주민이 물 위를 성큼성큼 걸어가 오리를 건져 돌아왔다. 놀랍게도 주민의 발은 물에 젖어 있지 않았다. 이 장면을 본 성직자도 호수로 다가가 물 위를 걸어 보려고 했지만 그대로 물에 빠지고 말았다. 그 모습을 지켜보던 마을 주민이 말했다. "돌이 있는 위치를 도통 모르시는 것 같아." 물 위를 걷는 건 남들이 보기엔 기적 같아 보인다. 하지만 방법은 간단하다. 물속에 디딤돌을 놓고 그 돌을 딛고 걸어가면 된다.

성인이 건강을 유지하는 방법도 아주 간단하다. 규칙적으로 생활하고 밥 잘 먹고 운동 열심히 하고 술과 담배를 안 하면 된다. 학생이 공부 잘하는 방법도 참 간단하다. 스마트폰 안 보고 일찍 자고 일찍 일어나 예습, 복습하고 수업 시간에 선생님 말씀 잘 들으면 된다.

내 학창 시절, 수업 시간에 졸고 쉬는 시간에 도시락 까먹고 하굣길에 실컷 놀다가 늦은 밤이 돼서야 책 펴 놓고 공부하던 친구들이 있었다. 물론 성적은 바닥이었다. 그 친구들은 어른이 돼서도 똑같이 산다. 하루 종일 일하고 밤에는 대리운전까지 뛰지만 버는 돈은 별로 없다. 특별한 재능이 없으면 학창 시절 공부하던 방식 그대로 인생을 살게 된다.

중1이 되자 스마트폰에 폭 빠져 공부를 내팽개친 학생이 있었다. 그 학생이 학원을 그만두던 날 나는 말했다. "눈 깜짝하면 고3이야." 5년 후 3월 2일, 나는 그 학생에게 전화를 했다. "이제 고3이지?" 그 학생은 깜짝 놀라며 후회된다고 했다. 눈 깜짝하면 고3이다. 이 짧은 기간에 굳이 공부 외의 것들에 내 에너지를 뺏길 필요가 있는가? 머리가 아인슈타인만큼 타고난 것이 아니라면 단 1%의 머리라도 아껴서 공부에 다 쏟아야 할 것 아닌가?

돈 되는 공부가 진짜 공부다

공부를 잘하는 비결이 뭐냐고?

공부할 마음이 별로 없는 학생들은 흔히 공부를 잘하는 비결이 뭐냐고 묻는다. 그런데 이 학생들에게는 특별히 해 줄 말이 없다. 공부에 몸과 마음을 온전히 바치지 않는데 무슨 비결이 있을 수 있겠는가? 이 학생들은 그저 공부 비결이라는 알약 하나를 먹으면 저절로 모르는 걸 알게 되거나 성적이 오른다고 기대하고 질문하는 것이다. 하지만 그런 알약은 없다.

공부를 잘하는 비결은 간단하다. 몸과 마음을 온전히 공부에 쓰는 것이다. 몸과 마음을 온전히 게임에 쓰면 게임을 잘하게 된다. 수업이 언제 끝났는지도 모를 정도로 집중하는 아이가 있는가 하면 수업 시간 내내 시계만 보는 아이도 있다. 같은 시간을 공부해도 결과는 딴판이다. 현재 유명한 한의사인 내 친구는 학교 때 하도 오래 앉아 공부에 집중하느라 엉덩이가 곪아 바지가 젖은 것도 몰랐다. 결국 내가 발견하고 병원에 갔을 정도였다.

공부를 잘하는 또 하나의 비결은 이해하려고 노력하는 것이다. 생각하고 고민하여 이해하려 노력하고 필요하면 암기도 해야 내 것이 된다. 이해한 내용을 친구에게, 친구가 없으면 강아지라도 앉혀 놓고 설명할 수 있어야 제대로 이해한 것이다. 설명이 막히면 다시 공부해서 이해하고 넘어가야 한다.

공부를 잘하는 마지막 비결은 공부 잘하는 친구를 찍어 관찰하고 그를 따라 하는 것이다. 그가 수업 시간에 선생님과 어떻게 눈을 맞추는지, 필기는 어떻게 하는지, 쉬는 시간을 어떻게 보내는지, 등하굣길에 뭘 하는지. 필요하면 그 친구를 사귀면 된다. 밥도 같이 먹고 도서관도 같이 가고. 게임 잘하는 친구를 따라 하면 게임을 잘하게 되고 공부 잘하는 친구를 따라 하면 공부를 잘하게 되는 것이다.

04
하늘이 본다

하늘이란 종교와 상관없는 절대적 가치를 말한다. 선함과 악함 중 선함이 절대적 가치이다. 공부를 열심히 하는 것과 안 하는 것 중 열심히 하는 것이 절대적 가치이다. 길에 쓰레기를 버리거나 침을 뱉는 것은 설사 남이 보지 않는다 하더라도 절대적 가치에 반하는 행위이다. 신독(愼獨)이란 남이 보지 않는 곳에 혼자 있을 때에도 도리에 어긋나지 않도록 말하고 행동함을 이른다. 신독의 자세로 공부하면 언젠간 반드시 결실을 보게 되어 있다.

하루 24시간은 누구에게나 똑같이 주어진다. 이 귀중한 시간을 어떻게 쓰느냐에 따라 인생은 달라진다. 부자들이 가장 귀하게 여기는 건 바로 이 시간이다. 부자들은 절대 새로 오픈 한 치킨집에서 공짜 치킨을 받기 위해 줄 서서 기다리지 않는다. 시간이 돈이기 때문이다. 시간에 대한 투자가 가장 큰 투자이기 때문이다.

학생이 이 귀중한 시간에 부모 몰래 선생님 몰래 딴짓을 하며 아무도 안 본다고 생각하는 건 큰 착각이다. 하늘이 본다. 하늘은 학생이 수업 시간에 딴짓하는 것도 보고 답안지를 베끼는 것도 본다. 하늘은 이 모든 것을 정확히 계산해 그만큼의 미래를 각자에게 안겨 줄 것이다.

Study Style과 Life Style

"배우나 생각하지 않으면 공허하다." 공자가 한 말이다. 생각 없이 공부하면 생각 없이 살게 되니 돈도 못 벌고 공허할 수밖에. 스터디 스타일이 곧 라이프 스타일이 되는 것이다.

나에겐 성공한 친구들이 있는가 하면 일용직 노동으로 하루하루 사는 친구들도 있다. 현재 모 방송사 사장인 친구는 고등학교 때 공부를 하며 생각을 하도 많이 해서 그 괴로움을 잊기 위해 손톱을 물어뜯어 남은 손톱이 없을 정도였다.

반면 일용직 노동을 하는 친구는 별생각 없이 영어 단어를 50번씩 쓰고도 단어 시험을 잘 본 적이 없었다. 학교도 다니고 학원도 다니지만 생각 없이 왔다 갔다 한다고 미래의 먹거리를 찾을 수 있는 능력이 생기는 건 결코 아니다. 모든 결과는 생각의 반영이다.

비싼 운동화

말은 달리고 토끼는 뛰고 거북이는 걸었다. 어느 날 이 친구들이 비싼 운동화를 신었다. 운동화 브랜드는 K-사교육. 모두들 속도가 엄청 빨라졌다. 하지만 토끼가 말을 앞지르거나 거북이가 토끼를 앞지르는 일은 일어나지 않았다. 결국 운동화 파는 사람만 돈을 벌었다.

안 하면 불안하니까 하는 공부

다람쥐 쳇바퀴 돌 듯 학원을 돌아 수능을 보고 나면 행복한 삶을 살 수 있을까? 아니, 최소한 먹고살 수는 있을까? 얼마 후 맞이할 세상은 긱(Gig) 경제의 세상이다.

긱 경제란 단기 계약으로 사람을 채용해 일을 맡기는 경제 형태를 말한다. 수많은 일자리가 기계로 대체되고 배달, 간병, 청소, 수리 등, 임시 노동직이 대세를 이룰 것이다. 다람쥐 쳇바퀴를 도느라 생각하는 힘을 키우지 못하고 자기주도적 학습 능력을 키우지 못한 아이들은 긱 경제 속에서 임시 노동직으로 살아갈 게 분명하다.

부모 세대 때 기업들은 대학 졸업장으로 그 사람의 가능성을 판단했다. 좋은 대학 나온 사람들을 채용해 교육과 훈련을 통해 유능한 인적 자원으로 성장시켰다. 그런데 아이들이 살아갈 미래에도 대학 졸업장이 옛날만큼 통할까? 고등학생쯤 되면 알게 되는 현실이 있다. 의대 외에는 대학 간판의 가치가 옛날 같지 않아서 전교권 등수가 아니라면 공부해도 별로 나아질 게 없다는 것을. 그래서 집단 무기력증에 빠지는 것이다.

그렇다고 공부를 안 하는 것도 아니다. 어설프게 한다. 안 하면 불안하니까 학원이라도 다닌다. 하지만 공부의 목적을 돈을 버는 것에 두면 얘기는 달라진다. 돈을 벌려면 어떻게 해야 하는가? 어떤 분야든 대충 하면 돈이 벌리는가? 공부하고 도전하고 실패도 하면서 자신을 그 분야에 100% 쏟아부어야 돈이 돌아가는 원리도 이해하고 돈을 버는 능력도 생긴다.

학생이 해야 하는 공부란 자신을 온전히 쏟아부어 원리를 이해하는 공부다. 원리를 이해하는 공부는 반드시 돈과 연결된다. 공부에 대한 마음 하나만 바꾸면 단지 불안을 잠재우고 시간을 때우기 위해 학원에 앉아 있을 이유가 없다.

반에서 2등 못 해도 괜찮다

공부의 목적을 SKY 대학에만 둔다면 100명 중 98명은 헛수고를 한 것이다. 공부의 목적을 인서울 16개 대학에만 둔다면 100명 중 91명은 헛공부를 한 것이다. 쉽게 말해 일반고 기준으로 전교 5등까지 SKY 대학에 가고 반에서 3등까지 인서울 대학에 간다.

그런데 괜찮다. 전교 5등 못해도 괜찮고 반에서 2등 못해도 괜찮다. 대학을 떠나 열심히 공부하는 과정에서 학업 역량, 자기효능감, 회복탄력성과 같은 심리적 자산이 만들어지기 때문이다. 이러한 심리적 자산을 기초로 성인이 되어서도 꾸준히 공부를 이어 가면 어느 대학을 나오든 인생에서 성공 못할 방법은 없다. 그게 공부다. 공부란 그렇게 강한 것이다.

* [참고] 인서울 16개 대학: SKY, 서강대, 성균관대, 한양대, 중앙대, 경희대, 외대, 시립대, 건국대, 동국대, 홍익대, 숙명여대, 이화여대, 국민대

공부역전 인생역전

공부는 유전이라는 연구 결과들이 많다. 이는 부모들의 학력 수준이 높은 강남의 입시 결과를 보면 알 수 있다. 의대의 경우 강남 3구의 입학생 수가 나머지 서울 지역 입학생을 다 합한 수보다 월등히 높다. 강남의 잘 갖춰진 사교육 인프라와 아이 교육을 뒷받침하는 부모들의 재력도 한몫하는 것은 분명하다. 이처럼 부모로부터 좋은 머리를 물려받거나 금수저로 태어나 사교육으로 무장하면 입시에 유리할 수 있다. 하지만 공부 못하는 게 부모 탓이고 학원 탓이라면, 대학 못 나온 부모에게서 태어나 학원도 제대로 못 다녔지만 최고의 대학을 간 학생들은 뭐란 말인가?

『공부가 가장 쉬웠어요』의 저자 장승수 변호사는 도박에 미친 할아버지와 아버지를 여의고 성적이 나빠 공부를 포기했다가 본격적으로 공부한 지 1년 만에 서울대 인문사회계열 전체 수석을 차지했다. 우리 몸을 건강하게 해 주는 건 의사나 병원이 아니라 나 자신의 생명력과 자연치유력이다. 마찬가지로 공부도 부모나 학원이 해 주는 게 아니라 내 의지로 내가 하는 것이다.

사실 나의 부모님은 초등학교밖에 못 나오셨고 나 또한 머리가 그리 좋은 건 아니어서 고등학교 때 성적이 중간 정도였다. 고2 겨울방학이 되자 나는 머리를 빡빡 깎고 절에 들어가 죽을 각오로 공부를 했다. 공부하다 쓰러진 적은 있는데 죽지는 않았다. 그러고는 반 1등을 했다. 내 친구는 머리뿐만 아니라 눈썹까지 빡빡 밀고 공부를 했는데 서울대 법대를 갔다. 내 인생은 결국 내 몫이고 내 탓이다. 타고난 게 없으면 시간과 엉덩이로 극복하면 된다. "얘들아, 부모 탓 학원 탓 그만하고 스마트폰 좀 내려놓고 공부역전 인생역전 한번 해 보지 않을래?"

10
레이업 슛과 수능역량

중고등학교 수행평가로 가장 많이 하는 농구 동작은 바로 레이업 슛이다. 골대 가까이에서 뛰어올라 가볍게 던져 넣는 슛이다. 연습을 많이 하면 성공 확률이 높아진다. 중학 내신은 이와 같다. 반면 수능은 농구 게임 그 자체이다. 근력, 심폐지구력, 순발력 등의 체력과 드리블, 리바운드, 패스 등의 기술이 필요하다. 레이업 슛만 연습하고 농구 게임을 하기는 힘들다. 그런 이유로 중학생은 30~40%가 A등급을 받지만 수능은 단 4%만이 1등급을 받는 것이다.

일부 학군을 제외한 대한민국 대부분 지역의 중학교 시험 문제는 난이도가 그리 높지 않다. 농구로 치면 레이업 슛 정도이다. 따라서 수업 시간에 집중하고 예습 복습만 잘하면 시험 점수는 당연히 좋을 수밖에 없다. 그리고 학원에서는 질문을 통해 학교 공부에서 놓쳤던 부분을 보완하고 나머지 대부분의 시간은 수능 역량을 키우는 데 써야 한다. 농구로 치면 골대 밑에서 슛 연습만 하는 것이 아니라 게임을 하기 위한 체력과 기술을 키우는 것이다.

상위권 대학들은 수시에서도 수능 최저등급을 적용하기 때문에 수능 역량을 갖추지 않으면 도전할 수가 없다. 중학교 때부터 수능 역량을 키워 원하는 대학에 합격하면 좋고 불합격하면 더 좋다. 이미 수능 역량을 갖췄으니 1년 더 공부하면 점수는 더 오르기 때문이다. 이런 이유로 N수생의 비율이 30%를 넘는다. 또한 재수, 삼수를 하는 동안 굳은 결심으로 어려움을 참고 견디면서 내적으로 크게 성장해 훗날 더 실속 있고 진지하게 자신의 인생을 경영하기도 한다.

사실 내 대학 동기들 중 크게 성공한 친구들은 대부분 재수나 삼수를 한 친구들이다. 그중 모 출판사의 회장인 친구는 삼수를 한 것이 신의 한 수였다. 입시 공부를 하면서 쌓인 실력으로 대학을 다니며 학비를 벌기 위해 과외를 했다. 과외를 하면서 학생들의 이해를 돕기 위해 종이에 써서 정리를 한 것이 책이 되었고 현재 그가 세운 회사는 국내 최대의 교과서와 참고서를 만드는 회사로 성장했다. 어떤 경우에서든 최선을 다하자. 원하는 대로 되면 좋고 그렇지 않더라도 더 좋은 결과를 얻을 수도 있다.

11
미래형 인재와 수학

우리 교육이 수학을 통해서 아이들에게 궁극적으로 키워 주고자 하는 것은 바로 '수학적 사고력'이다. 수학적 사고력이란 어떠한 문제가 생겼을 때 그 문제를 분석하고 이해해서 다양한 전략을 찾아내서 논리적으로 해결해 나가는 능력이다. 수학을 잘 배운 사람이라면 수학적 사고력을 갖추고 있으며 이러한 사람은 대게 논리적이고 상상력과 창의력이 풍부하다. 세계적인 물리학자 스티븐 호킹이 "이 세상을 만든 창조주가 있다면 그의 직업은 수학자였을 것이다."라고 한것도 수학적 사고력을 강조한 말이다.

요즘 부르는 게 몸값인 직업이 있다. 소프트웨어 개발자, 빅데이터 분석가, 인공지능 전문가, 가상/증강 현실 전문가, 친환경 에너지기술자 등이다. 모두 컴퓨터 관련 지식과 깊이 있는 수학 지식이 필요한 직업들이다. 그래서 대학에서는 이과 계열 전공자뿐만 아니라문과 계열 학생들도 컴퓨터공학을 부전공 또는 복수전공하면서 심화

돈 되는 공부가 진짜 공부다

수학, 고급수학 등을 공부하는 것이다. 꼭 이런 직업뿐만 아니라 앞으로는 대부분의 직업 영역에서 수학적 사고와 컴퓨터 관련 기술을 요구할 것이다. 이렇게 변해 가는 직업 세계에서 공식을 외우고 문제 유형만 반복한 과거형 인재들이 살아남을 수 있을까? No! 암기 지식에 익숙한 과거형 인재들은 컴퓨터 뒤를 성실히 쫓아가는 일은 잘할 수 있겠지만 그런 일자리는 대부분 사라질 것이기 때문이다.

내가 미국에서 기업 분석을 공부할 때였다. 수업 시간에 회사의 재고를 계산하는 문제가 주어졌다. 나는 공식을 몰라서 대충 감으로 문제를 풀었다. 그런데 이게 웬일. 내가 가장 먼저 문제를 풀었다. 게다가 교수님은 다른 학생들에게 한국에서 온 이 학생처럼 직관으로 접근해야 한다는 말까지 했다. 공식을 몰라서 얻은 횡재였지만 수학의 본질은 공식이 아니라 생각이고 직관이라는 것을 알게 해 준 좋은 경험이었다.

미래형 인재가 되기 위해선 끊임없이 생각하며 직관적으로 문제를 해결해야 한다. 암기의 힘이 아닌 생각의 힘을 키워야 하는 것이다. 인공지능이 지금처럼 발달하지 않고 게다가 선진국의 뒤를 열심히 쫓아가는 것으로 경제 성장이 가능했던 과거엔 암기형 지식이 큰 역할을 했다. 하지만 미래에는 수학적 사고력과 직관으로 앞을 치고 나가지 않으면 안정적인 일자리를 갖기는 힘들 것이다. 미래 사회의 주역은 과거를 고집하는 자가 아닌 미래를 상상하는 자이다.

12
인생의 본질, 입시의 본질

인생의 본질은 자유를 찾는 과정이다. 그런데 그 자유는 능력이 있어야 얻을 수 있다. 능력이 있어야 건강도 돈도 심지어는 관계조차도 얻을 수 있고 또 그것이 우리를 자유롭게 하는 것 아닌가? 그런데 그 능력은 하루아침에 얻어지는 것도 아니고 하나의 능력을 평생 써먹을 수 있는 것도 아니다. 갈수록 안정적인 일자리는 사라지고 배워야 할 것은 많아지고 있기 때문이다. 따라서 평생을 통한 배움과 성장만이 우리에게 진정한 자유를 줄 수 있다.

입시의 본질은 20살 이후를 위해서 6년의 극기훈련을 하는 것이다. 해병대 캠프가 체력과 정신의 극기훈련인 것과 마찬가지로, 입시는 공부에 대한 극기훈련이다. 내가 할 수 있는 그 끝까지 공부를 해보면 내가 어느 정도까지 할 수 있는지를 알게 된다. 그 마음가짐과 자세로 20세 이후에 진짜 공부를 하는 것이다. 중고등학교 때 극기훈련을 한다는 자세로 공부 자체에 몰입하고 나면 덤으로 주어지는 게

돈 되는 공부가 진짜 공부다

너무 많다. 우선 자신이 원하는 대학에 갈 수 있다. 그리고 그것 하나만으로도 부모님께 큰 효도가 된다.

내가 젊었을 때 사업 실패로 빚더미에 나앉은 적이 있었다. 어머니께 아무것도 해 드릴 수 없어 죄송하다고 말씀드렸더니 어머니는 내가 학교 때 공부 잘한 것만으로도 효도를 다 한 것이라고 말씀하셨다. 그렇다. 효도는 나중에 커서 하는 게 아니라 바로 지금 하는 것이다.

입시에 성공해 명문대에 가는 경우엔 또 하나의 덤이 주어진다. 사실 요즘은 명문대의 효용이 예전만 하지 않다. 하지만 대한민국 국민들의 마음속엔 여전히 심리적 학벌이 존재한다. 대한민국에서 명문대 출신은 그 어떤 직업을 선택하더라도 더 많은 기회가 주어지고 좋은 이미지를 가질 수 있다. 따라서 그렇지 않은 사람들에게는 정말 싫은 나라일 수도 있다. 덤으로 주어지는 것 중 가장 큰 것은 극기훈련으로 키운 공부 능력으로, 20세 이후 수십 년 동안 진짜 공부를 통해 성장하며 돈을 벌고 자유를 찾을 수 있다는 것이다.

한 조사에 따르면, 어른이 되어 가장 후회하는 것은 '학교 때 최선을 다하지 않은 것'이라고 한다. 해병대 캠프에선 만에 하나 죽을 일도 있지만 공부는 해도 해도 죽을 일은 없으니, 하다 죽겠다는 각오로 한번 해 볼 만하지 않은가?

13
치킨, 공부만이 살 길

'수능 1~3 등급은 치킨을 시키고 4~6 등급은 치킨을 튀기고 7~9 등급은 치킨을 배달한다.'는 말이 있었다. 이 말은 다소 억지스러운 면이 있지만 우리 사회에 노동자에 대한 뿌리 깊은 무시와 차별이 있고 공부하지 않은 사람에 대한 형벌이 가혹하다는 것을 대변한다. 머지않아 치킨을 튀기고 배달하는 일마저 기계가 대신하게 된다. 창의적인 인재가 아니면 먹고 살 길이 막막해지는 것이다. 그래서 기본소득 운운하는 것이다. 돈을 못 버니 생계비라도 주자는 것이다.

저성장, N포 세대, 청년실신(실업, 신용불량)…. 공부만이 살 길이다. 돈 공부가 살 길이다. 돈에 관한 공부를 하라는 의미가 아니다. 지금 하고 있는 공부를 제대로 하라는 의미이다. 입시 공부는 금수저들에게 유리할 수 있다. 하지만 비싼 학원을 다니든 도서관에서 혼자 공부하든 머릿속에 들어가는 공부 양은 같다. 금수저로 태어나지 못한 분노를 에너지로 바꿔 1초라도 아껴 열심히 공부하면 된다. 진짜

돈 되는 공부가 진짜 공부다

공부를 통해 자신의 일자리를 만들어 내면 된다.

진짜 공부는 비싼 돈을 내야만 할 수 있는 건 아니다. 책과 유튜브 그리고 전 세계 대학의 온라인 강의를 통해 얼마든지 할 수 있다. 세계 대학들의 강의와 세계 석학들의 논문들은 미래를 내다보는 식견과 통찰력을 키워 줄 것이다. 나를 알고 미래를 알면 돈을 버는 건 시간문제다. 미래를 알 수 있는 양질의 정보들은 대부분 영어로 되어 있기 때문에 중고등학교 때 영어 공부를 열심히 해놔야 한다는 것이다. 진짜 공부를 하자. 돈과 연결되는 공부를 하자.

14

부자가 되는 비결

사실 부자가 되는 비결은 수많은 책에 다 쓰여 있다. 1억을 번 사람은 1억을 번 만큼의 고민과 성찰이 있었고 경험과 노하우가 쌓인 것이다. 100억을 번 사람은 100억을 번 만큼의 고민과 성찰이 있었고 경험과 노하우가 쌓인 것이다. 그리고 많은 사람들이 그 경험과 노하우를 수많은 책에 고스란히 옮겨 놓았다.

책을 읽는다는 건 글쓴이가 평생 쌓은 경험과 노하우를 통째로 얻는 것이다. 따라서 학창 시절 동안 책 읽는 습관만 들여 놓아도 성공한 것이나 다름없다. 그런데 책을 읽기만 하고 이해를 못 한다면 아무 소용이 없는 일이다. 책을 이해할 수 있는 능력을 키우기 위해 우리는 공부를 하는 것이다. 부자가 되기 싫으면 공부 안 하고 책 안 읽으면 된다.

돈 되는 공부가 진짜 공부다

15

공부 안 한 대가가 너무 큰 나라

공부 열심히 해서 출세한 친구들을 만나 보면 대개 이런 생각을 가지고 있다. '너희들 놀 때 난 죽어라 공부했으니까 권력과 부는 내가 많이 가져야 해.' 너무하다고 생각할 필요 없다. 누구나 죽을 고생해서 상층에 올라서면 그런 생각을 할 수 있다.

공부 안 하는 학생들을 대하다 보면 안타깝다. 아직 어리고 잘 몰라서 그럴 수 있다. 그래서 그 학생들에게 공부를 해야 하는 이유에 대해 꾸준히 말해 준다. 대부분의 학생들은 시간이 좀 걸리더라도 결국 마음이 움직여 공부를 열심히 하기 시작한다. 하지만 나의 노력이 절대 먹히지 않는 학생들도 있다.

직업에 귀천이 없다고 하지만 누가 봐도 멋지고 많은 돈을 버는 일이 있고 볼품없고 돈도 별로 안 되는 일이 있다. 사실 볼품없고 힘들고 험하고 위험한 일들은 정작 이 사회에 꼭 필요한 일들이다. 누군가는 공장에서 고된 일을 해야 하고, 맨홀 뚜껑을 열고 지하로 들어가야 하고, 검은 분진으로 가득 찬 지하 광산도 들어가야 하고, 음식물 쓰레기도 치워야 하고, 더운 여름날 아스팔트도 깔아야 하고, 추운 겨울에 건설 노동도 해야 한다.

우리나라에서는 서구 선진국에서와는 달리 힘든 육체노동에는 많은 돈을 지불하지 않는다. 따라서 중층 상층의 사회 구성원들에게는 이익이다. 특별한 재능이 없는데도 공부하라는 어른들의 말을 무시한 학생들은 커서 이런 일들을 하면 된다. 물론 학교 때 열심히 한 것만으로 공부가 끝나는 건 아니다. 학교 때 열심히 하던 습관대로 평생 지속적으로 해야 한다.

직장에서는 업무와 관련한 공부를 하고, 사업이나 장사를 하면 제품 개발이나 마케팅에 관한 공부를 꾸준히 해야 성공할 수 있다. 만약 편의점 알바를 하게 된다면 이는 유통사업을 공부할 수 있는 좋은 기회다. 유통업은 큰돈이 흐르는 길목의 사업이다. 내 친구들 중에는 유통사업으로 큰돈을 버는 친구들이 있다. 한 대학 친구는 강남에서 해외 명품을 팔아 엄청난 재력가가 되었다. 편의점 알바를 하면서 스마트폰만 뒤적거릴 게 아니라 상품의 종류 및 사용법, 원가와 마진율, 구입처, 매장 배치와 상품 구성, 고객 만족 등을 공부할 수 있다. 무슨 일을 하든 이런 자세로 공부하면 큰 성공은 못해도 최소한 서민갑부는 될 수 있다.

학생 때 공부를 안 했으면 커서라도 열심히 하면 된다. 하지만 공부를 열심히 해 보지 않았는데 어떻게 커서 느닷없이 공부를 열심히

돈 되는 공부가 진짜 공부다

하겠는가? 고기도 먹어 본 놈이 먹는다는 말이 있듯이 학생 때 공부를 열심히 해 봤어야 어른이 되어서도 엄두를 내서 공부를 할 것 아닌가?

1등이 아니라도 괜찮다. 다만 꼴찌도 1등이 하는 것만큼 공부를 해 봐야 한다. 안 하면 죽는다는 각오로 해 봐야 한다. 잘하고 못하고를 떠나, 열심히 공부하다 보면 기회가 주어지고 살 길이 열리는 반면, 공부를 안 하면 평생 그 대가를 치러야 하는 승자 독식의 나라이기 때문이다.

16
강남

공부 못하는 아이가 강남 학원가로 이사를 가면 공부를 잘할까? 아니다. 강남 개발은 1960~1970년대 박정희 정권 때 수도 이전의 대안으로 이루어졌다. 또 강남으로의 이주를 유도하기 위해 경기고를 비롯한 강북의 8개 명문고를 강남으로 이전시켰다. 이른바 강남 8학군의 탄생이다.

당시 고시를 패스한 정부 관료들과 명문대를 나온 사람들이 강남 개발 정보를 공유하고 일찍부터 발을 들였다. 또한 학구열이 높고 경제력이 있는 사람들이 강남으로 이주했고 이후에도 소위 잘나가는 고학력자들이 들어와 자리를 잡았다.

대체로 그들과 그 자녀들은 학력 수준이 높았다. 그들의 학력 수준이 높은 건 머리가 좋아서이기도 하겠지만 한편으론 그들의 습관 때문이다. 쉽게 말해 매일 늦게까지 먹고 마시고 운동도 안 한 사람과 일찍 자고 일찍 일어나 열심히 운동한 사람 중 누가 더 건강하겠는

돈 되는 공부가 진짜 공부다

가? 마찬가지로 공부를 못할 수밖에 없는 습관을 가진 아이가 강남 학원에 다닌다고 공부를 잘할 리가 없다.

공부는 결국 습관이다. 스마트폰 안 보는 습관, 일찍 자고 일찍 일어나 운동하고 예습·복습하는 습관, 선생님 말씀에 집중하는 습관, 모르는 걸 그냥 넘기지 않는 습관. 이런 몇 가지 습관만 가져도 좋은 대학에 갈 수 있고 부자도 될 수 있다.

17
가난을 대물림하는 이유

가난한 부모들은 자신들이 좋은 대학을 나오지 못하고 좋은 직업을 가지지 못해서 가난하다고 생각한다. 그래서 그들의 자녀들이 좋은 대학을 나와 좋은 직업을 가져야만 잘살 수 있다고 생각한다. 그런데 그들이 생각하는 좋은 대학을 나와 좋은 직업을 갖는 경우는 10명 중 2~3명꼴이다.

좋은 대학을 못 나오고 좋은 직업을 갖지 못한 가난한 부모의 자녀들은 부모가 세상을 보는 프레임을 그대로 답습해 좋은 대학과 좋은 직업은 어차피 글렀으니 더 이상 공부할 생각은 안 하고 그냥 가난하게 살아간다. 하지만 좋은 대학 안 나와도 가질 수 있는 여러 직업에서 부자가 튀어나오지 않는가? 그들이 부자가 된 이유는 무슨 일이든 맡은 일에 혼을 바쳤기 때문이다. 그 일을 어떻게 해야 잘할 수 있는지 끊임없이 고민하고 공부했기 때문이다.

반면 가난한 사람들은 공부는 안 하고 일의 종류만 따진다. 돈 받

돈 되는 공부가 진짜 공부다

는 것 이상은 일을 하려고 하지 않는다. 자신들이 전에 받았던 돈의 액수 이하로는 일을 하려고 하지 않는다. 다시 말해 그들이 가난해지는 이유는 학력이 없거나 직업이 좋지 않아서가 아니라 공부를 통해 가치를 만들어 내지 못하기 때문이다. 결국 중요한 건 공부다.

부자가 되고 싶은 중고등학생이라면 코피가 터지도록 공부해라. 공부는 궁극적으로 엉덩이 무거운 사람이 이기는 게임이다. 스마트폰 내려놓고 바보처럼 공부만 해라. 학원 갈 돈이 없으면 EBS를 활용하면 된다. EBS에서는 대한민국 최고의 강사들이 공짜로 강의를 해준다. 이해가 안 가는 부분이 있으면 학교 선생님을 붙들고 늘어져라. 학교 선생님은 기꺼이 나의 개인교사가 되어 줄 것이다. 그리고 성인이 되어 어떤 직업을 갖든 변화하는 세상에 필요한 공부를 찾아서 하고 돈이 되는 생각과 고민을 끊임없이 하면 돈을 벌 수 있는 방법들이 도처에 널려 있음을 알게 될 것이다.

18
평생 학교 때 버릇 그대로

고등학교 동창 모임에 나가면 겪는 일이다. 열심히 공부해서 성공한 친구들의 대화에 공부 안 해서 막일을 하고 있는 친구들이 끼어들고자 한다. 그들은 대부분 일용직 건설 노동, 택시 운전, 용달, 화물 등의 일을 한다. 성공한 친구들과 학교 때는 친했으니 대화에 동참하려 애는 쓰지만 하는 말마다 헛돈다. 그럴 수밖에 없다. 단지 학교 때 공부를 열심히 했는지 여부만으로 이렇게 큰 대화의 격차가 생긴 건 아니다. 공부를 열심히 했던 친구들은 공부가 습관이 되어 지난 수십 년 동안도 공부를 통해 꾸준히 성장해 왔을 것이고 또한 독서를 통해 내면의 세계를 확장해 왔을 것이다.

반면 공부를 안 했던 친구들은 공부를 안 해 버릇했으니 지난 수십 년 동안도 그 버릇 그대로 시간을 길바닥에 버리듯 살아왔을 것이다. 공부를 안 하고 살아온 친구들의 지적 수준이 학교 때와 똑같음을 발견하고 놀라곤 한다. 그리고 그들의 초라한 노후가 눈에 선하

　　　　　　　　　　　　　　돈 되는 공부가 진짜 공부다

게 그려진다. 이런 어른들의 모임에 우리 학생들이 한 번만 와 보면 당장 스마트폰을 내려놓고 공부로 밤을 새울 텐데.

공부 못해도 괜찮다

공부 못해도 괜찮다. 어느 한 분야에서 뛰어나서 돈 많이 벌면 된다.
그러려면 공부를 해야 한다.

학원을 옮겨도

동네 학원을 다니다 성적이 오르면 이제 됐다 하고 큰 학원으로 옮긴다. 성적이 떨어지면 안 되겠다 하고 큰 학원으로 옮긴다. 하지만 결과는 달라지지 않는다. 공부는 자기가 하는 거니까.

21
반항

사춘기가 되어 공부를 아예 내려놓는 학생들이 있다. 반항을 하는 것이다. 엄마가 맨날 공부하라고 했다고. 아빠가 너무 심하게 했다고. 반항 끝에 어떤 남자아이들은 해병대에 간다. 누가 이기나 해보자는 것이다. 어떤 여자아이들은 드라마를 보며 현실에서 도피한다. 결국 자기 손해다.

부모는 나를 낳아 준 것으로 책임을 다한 것이다. 실제로 우리 학원엔 부모가 없어서 보육 시설에서 오는 학생도 몇 명 있다. 다리가 불편해 학원 입구에서 강의실까지 걸어오는 데 한참이 걸리는 학생도 있다. 먹여 주고 재워 주는 부모가 있고 내 몸이 멀쩡한 것만으로도 얼마나 큰 행운인가. 내 인생은 나의 것이다. 어떤 방식으로든 반항해 봤자 결국 망가지는 건 나다.

돈 되는 공부가 진짜 공부다

22

금융 공부

세계적인 고고학자 윌리엄 N. 괴츠만(William N. Goetzmann)은 금융이 인류 사회를 진보하게 한 가장 중요한 기술이며, 지난 5,000년의 역사가 이를 입증한다고 말했다. 역사상 변방에 속했던 서구사회가 강대해지는 데 가장 큰 역할을 한 것도 바로 금융이다. 금융이 이렇게 절대적으로 중요한데도 불구하고 한국의 학교 교육에서는 금융을 가르치지 않는다.

뿌리 깊은 유교문화로 인해 학생에게 대놓고 돈 이야기를 하는게 정서상 맞지 않아서일 수도 있다. 하지만 고등학생의 60%가 학습을 포기하는 어려운 수학은 가르치면서 우리의 실생활에 꼭 필요한 금융을 가르치지 않는 이유는 무엇일까? 이는 우리 사회의 기득권이 원하는 프레임이기 때문이다. 다수가 입시제도 안에 갇혀 난해한 지식을 놓고 경쟁하면서 금융 문맹으로 있어 주어야 자신들이 부를 독점할 수 있기 때문이다.

대한민국의 자본 성장률은 이미 경제 성장률을 추월했다. 돈이 있는 사람은 더 부자가 되고 돈의 흐름을 읽지 못하는 사람은 더 가난해질 수밖에 없다. 그리고 이러한 현상은 갈수록 더 심해질 것이다. 있을수록 더 지키고 또 불리고 싶은 인간의 욕망 때문이다.

세계 최고의 부자인 워런 버핏은 말했다. "잠자는 동안에도 돈이 들어오는 방법을 찾아내지 못한다면 당신은 죽을 때까지 일을 해야만 할 것이다." 잠자는 동안에도 들어오는 돈이 바로 자본소득이다. 자본소득을 얻기 위해 또한 소중한 내 돈의 가치를 지키기 위해 우리는 금융을 공부해야 한다.

내 지인들 중 부자들은 한결같이 금융 지식이 풍부하다. 현재 변호사인 한 친구는 주로 공모주 청약을 한 후 상장하면 곧바로 매도를 해 친구들에게 한턱을 낸다. 공모주는 대부분 상장하면 공모가액을 웃돌기 때문에 상장 후 곧바로 매도하면 손해 보는 일이 거의 없다. 한 지인은 주로 국책은행의 채권에 투자해 은행예금보다 높은 수익을 올리고 있다. 국책은행의 채권은 공공성이 높아 안정성이 보장되어 있고 시중 실세금리보다 할인된 저리로 발행되므로 수익성도 높다.

2장
함께하는 부모의 힘

01

자본주의와 스마트폰

영양제에는 영양이 없다. 그래도 제약 회사는 돈을 번다. 담배를 피우면 몸에 해롭다. 그래도 담배 회사는 돈을 번다. 아이는 스마트폰을 안 보면 스마트해진다. 그래도 스마트폰 회사는 스마트폰을 보게 해 스마트하게 돈을 번다.

스티브 잡스는 열정을 가진 사람들에게 날개를 달아 주고 싶어서 스마트폰을 만들었다고 했다. 아직은 절제력이 없는 아이에게 스마트폰은 독서, 가족 간의 대화, 다양한 취미 활동에의 몰입, 건강하고 규칙적인 생활 습관 등을 망가뜨리는 괴물이 된다. 열정의 날개가 아니라 갈등의 괴물이 되는 것이다. 그래도 부모는 아이에게 최신 스마트폰을 사 준다. 나의 분신인 아이가 남에게 꿀리지 않아야 하기 때문이다. 나 자신의 결핍을 들키지 않아야 하기 때문이다. 내 아이가 게임, 유튜브, 카카오톡 없이는 못 살기 때문이다. 자본주의는 이렇게 누군가는 우리의 인정욕구와 불안을 자극해 돈을 벌고 누군가는 그

먹이가 된다.

    남편을 미국 대통령으로 만든 힐러리 클린턴은 학생 때 TV를 보면 커서도 일이 없어 TV를 보는 사람이 되고 학생 때 TV를 보지 않으면 커서는 성공해서 TV에 나오는 사람이 된다고 했다. 학생 때 스마트폰에 중독되면 커서는 스마트폰으로 주문을 받는 플랫폼 노동자(택배, 배달, 대리운전)가 되기 쉽다. 학생 때 스마트폰을 절제하면 커서는 스마트폰이 열정적인 삶의 날개가 되고 돈을 버는 무기가 될 것이다.

02

대한민국 입시제도의 진실

우리나라의 입시제도는 누가 만들었을까? 선량하고 정의로운 교육가들이 우리 아이들의 미래를 생각하며 만들었을까? 아니다. 정치가와 관료조직이 만들었다. 그들은 쉽게 변별력을 확보하기 위해 지식 확인형 문제 위주의 입시제도를 만들고 유지해 왔다. 다양한 잠재력을 가진 학생들을 선발하려는 시도가 일부 있지만 변화를 싫어하는 관료조직은 늘 개혁을 가로막는다. 학생을 선발하는 대학교수들도 자신들이 통과해 온 학력 중심의 인재 선발 방식에서 벗어날 의지가 별로 없고 상위권 대학들은 오로지 뛰어난 지적 능력을 가진 학생을 선발하기를 원한다.

이러한 입시 환경에서 사교육은 경쟁에서 살아남기 위해 철저하게 시험 성적을 올리고 매력적인 학생부를 만들어 주는 데 집중하기 때문에 사교육을 받고 안 받고의 차이가 클 수밖에 없다. 따라서 의대와 SKY 대학을 비롯한 상위 대학은 이러한 입시제도에 유리한 학생들이 가게 되어있다. 즉, 정작 미래 사회에 필요한 창의력, 상상력이 아닌 지식 위주의 입시 공부에 유리한 머리를 타고난 데다가 사교육의 지원까지 많이 받은 아이들이 가게 되어 있는 것이다. 그런데도 불구하고 우리 교육은 변하지 않을 것이다. 대학과 사교육이 먹고살아야 하기 때문이다. 일본에서 도장 파는 사람들이 먹고살아야 하기 때문에 도장 문화가 없어지지 않는 것과 같은 현상이다. 그런데 세상은 원래 이렇게 부조리하다. 이치에 맞지 않는 일들로 꽉 차 있다. 전쟁에서 이긴 편이 정의이고 시험에서 합격한 학생이 잘한 것이다.

실존주의 작가 알베르 카뮈(Albert Camus)는 이처럼 어처구니없는 상황에서 벗어나기 위해 구원을 기다리기보다는 "바로 지금, 바로 여기의 삶에 충실하겠다."라고 말했다. 카뮈의 말처럼 피할 수 없으면 받아들이는 게 낫다. 세상은 어차피 부조리하다는 것을 인정하고 세상에 대한 분노를 에너지로 바꿔 공부에 쏟는 것이다.

시대에 맞지 않는 입시제도이지만 입시의 본질로 접근하면 답이 나온다. 입시의 본질은 20세 이후를 위해서 지금 6년을 희생하는 것이다. 내가 할 수 있는 그 끝까지 공부를 해 보면 나도 이 정도까지는 할 수 있다는 것을 알게 된다. 그리고 20세부터 거침없이 살게 되고 결국 성공하게 된다. 성공해서 경제적 강자가 되고 나면 이 어처구니없는 세상이 기쁘고 아름다운 세상으로 바뀔 것이다.

돈 되는 공부가 진짜 공부다

03

스파르타식

어떤 아빠들은 아이를 스파르타식으로 가르쳐 달라고 한다. 한때 최강의 군대를 가졌던 스파르타에서는 여자들이 건강한 아이를 출산하기 위해 달리기, 레슬링, 투창 등으로 신체를 단련했다. 아이가 태어나면 신체검사를 해서 허약한 아이는 언덕 위에서 던져 버렸다. 버려지지 않은 강한 아이는 어릴 때부터 강한 훈련을 받아 최강의 싸움 근육과 기술을 갖게 되었다. 아이가 근육은 없고 물렁살만 있으니 근육부터 키우자고요.

04

인디언 추장

겨울이 다가오자 인디언 마을 사람들이 추장에게 몰려왔다. 그들이 물었다. "올겨울 춥나요?" 추장이 말했다. "글쎄 겨울이니까 춥겠지." 마을 사람들은 땔감을 모으기 시작했다. 추장은 마을 사람들이 돌아간 후 기상청에 전화를 걸었다. "올겨울 춥나요?" 기상청 직원이 밖을 내다보았다. 마을 사람들이 부지런히 땔감을 모으고 있었다. 그가 말했다. "엄청 추울 거 같네요."

중학생 부모가 와서 묻는다. 중학교 때 고등 수학까지 해야 한다면서요. 영어는 다 끝내 놓아야 한다면서요. 어디선가 들은 말을 그래야 하는 것처럼 말한다. 그렇게 할 수 있었던 소수의 아이들을 일반화해서 말한다. 중학교 때 영어를 끝내고 고등수학까지 하는 아이는 분명 전교 1등일 것이다. 그런데 그 아이는 선행을 해서 전교 1등이 아니라 전교 1등이니 선행이 가능한 것이다. 중3 수학이 능수능란해야 고등 수학을 제대로 할 수 있다. 여러 배경지식과 추론 능력이 쌓여

돈 되는 공부가 진짜 공부다

야 수능 영어를 할 수 있다.

　인디언 마을처럼 근거 없는 말이 되지도 않는 선행을 부추긴다. 많은 아이들이 현행도 제대로 못하면서 아까운 시간과 에너지를 곧 파도에 무너질 모래성을 쌓듯 선행으로 낭비한다.

05

자전과 공전

지구는 자전과 공전을 한다. 아이들도 자전과 공전을 한다. 매일 학교와 학원을 자전하고 3개월에 한 번씩 시험 성적에 따라 학원을 옮기며 공전한다. 공부 재능이 없는 아이들도 덩달아 자전과 공전을 한다. 누구나 하나는 잘하는 게 있지만 우리나라 부모에게는 공부 말고는 없다. 공부 재능이 없는 아이들이 열심히 돌고 돌아 도달한 곳엔 지잡대가 있고 지잡대를 나와 아르바이트와 배달 일을 하거나 그냥 논다. 고등학교 때 수업 시간을 그냥 보냈듯이, 성인이 되어서도 그냥 논다. 교육비는 교육비대로 쓰고 자식은 자식대로 그 돈 안 썼어도 할 수 있는 일을 하거나 그냥 논다.

학교 다닐 때 학원에서 공부를 했지만, 그 공부는 학원 주도였기 때문에 자기주도적인 삶을 살아갈 능력은 없다. 그래도 언젠간 자기에게 어울리고 돈도 많이 버는 일이 주어질 거라고 생각한다. 할아버지 세대나 부모 세대처럼 바닥부터 시작해 인생을 개척할 생각은 없

다. 왜? 대졸이니까. 시험공부 외엔 해 본 게 없으니까. 교육천하지대
본의 나라에선 교육에 대한 환상은 깨지지 않는다. 다 겪은 후 현실
을 깨달을 때까지는 그냥 간다. 지구 온난화가 멈추지 않고 그냥 가
듯이 대한민국 교육도 그냥 간다. 대한민국 교육이 잘못되었다는 것
을 모두가 알지만 내 아이만은 그 잘못된 교육에 기대어 잘되기를 바
라는 부모들이 있는 한 그냥 간다.

* 지잡대: 지방 잡 대학교, 수도권 대학과 지방 거점 국립대학을 제외한
  대학들을 비하하는 표현.

06
선행과 수포자

진도를 빨리 나간다고 아는 게 아니다. 선행은 얼마나 완성된 형태로 다음 단계로 넘어가느냐가 핵심이다. 자기 학년에서 어려운 문제를 해결하고 다음 단계로 넘어가야 하는 것이다. 보통은 열심히 해도 자기 학년의 내용을 다 이해하지 못한다. 따라서 선행을 할 수 있는 아이는 많지 않다. 학원은 마케팅 전략상 개념 수준의 쉬운 문제만으로 선행을 나간다.

자기 학년의 공부를 깊이 있게 할 수 있는 학생이 많지 않고 부모에게 공부의 깊이를 보여 주는 것 또한 쉽지 않기 때문이다. 반면 공부의 길이를 보여 주는 건 아주 쉽다. 중1 아이가 중3이나 고1 수준의 학습을 선행하면 부모의 눈에 확 들어오기 때문이다. 하지만 고등 내신이나 수능은 쉬운 문제만 나오는 게 아니다. 쉬운 문제만으로 선행을 한 아이들은 고등학생이 되어 어려운 문제를 극복하지 못한다. 고등학생의 60%인 수포자(수학 포기자)는 이렇게 만들어지는 것이다.

돈 되는 공부가 진짜 공부다

07
양치기

중학 때까진 양치기가 가능하다. 양치기란 아이가 헉헉거릴 정도로 많이 외우고 많이 풀게 하는 내신 대비 방식이다. 사고력보단 기억력으로 하는 공부다. 양치기를 통해 성적을 올리지 않으면 부모들은 학원을 옮긴다. 시험 때마다 대이동이 일어난다. 하지만 고등학교 공부는 다르다. 사고력으로 하는 공부다. 학습량과 난이도로 보면 양치기로 해낼 수 있는 공부가 아니다.

대학은 고등학교 공부로 간다. 다들 밤늦게까지 야자를 하고 학원에 다니면서 똑같이 노력한다고 가정하면 결국 대학은 머리 좋은 순서대로 간다. 대부분의 유명 강사들은 노력하면 다 된다고 얘기한다. 그래야 자기 강의를 들으니까. 하지만 그들도 나이 들어 은퇴하면 메가스터디 손주은 회장처럼 솔직히 말할 것이다. 공부는 결국 머리라고.

서울대 간 아이에게 "노력을 엄청 했나 봐!"라고 말하기보단 "머리가 좋은가 봐!"라고 말하는 게 일반적이다. 에디슨을 만든 건 99%의 땀보다는 1%의 영감이다. 바로 그 영감이 머리다. 다만 얼마 안 되는 머리라도 공부에 다 쏟고 그냥 열심히가 아닌 진심으로 열심히 하면 갈 수 있는 대학의 수준을 올릴 수 있는 건 확실하다.

돈 되는 공부가 진짜 공부다

08

국제용 영어 내수용 영어

『영어계급사회』의 저자인 미국 솔즈베리대학교 남태현 교수는 우리가 배우는 영어는 국제용이 아니라 철저히 내수용이라고 말한다. 대부분 진학과 취직, 승진을 위해, 한국 사람에게 보여 줄 점수를 위한 영어라는 것이다. 맞는 말이다. 아이가 어릴 땐 나중에 영어를 써먹을 수도 있다는 기대 때문에 영어유치원도 보내고 원어민이 있는 사립초등학교도 보내고 어학원도 보낸다. 학원에 오는 초등 저학년생에게 영어로 말을 걸어 주면 신이 나서 영어로 대답한다. 그런데 중학생에게 영어로 말을 걸면 속으로 '왜 저러나?' 한다. 머리가 커서 쑥스러워서 그렇다. 게다가 이제 영어는 외우고 또 외워서 점수를 올려야 하는 시험 과목인데 그런 영어로 말까지 거니 '왜 저러나?' 싶은 것이다.

　나를 비롯한 부모 세대는 중학교 가서야 영어를 처음 배웠다. 나는 영어가 너무 좋았다. 단어 하나하나를 발음기호에 꼭 맞게 발음하는 게 재미있었다. 특히 억양(intonation)을 과장되게 발음하면 내가 마치 외국인이 된 것 같았다. 모든 문장은 앞에 외국인이 있다고 상상하며 읽거나 외워 말했다. 그렇게 공부한 것 외에 나는 단 한 번도 외국어 학원에 다니거나 어학연수를 간 적이 없었다.

그런데 내가 미국 은행에 취업해 처음 미국에 갔을 때 직원들은 내가 원래 미국 태생인 줄 알았다고 했다. 돈 한 푼 안 들이고 공부한 영어로 이런 평가를 받는다는 게 신기했다. 그런데 난 그 이유를 잘 안다. 바로 시각화였다. 영어로는 시뮬레이션(simulation)이 적절할 듯하다. 늘 앞에 외국인이 있다고 상상하며 영어를 공부한 것이다. 사실 시각화는 돈 안 들이고 할 수 있는 비싼 공부다.

많은 학생들이 자신이 공부를 못하는 것을 놓고 흙수저이기 때문이라며 탓을 한다. 그런데 그건 공부를 위해서는 정말 좋은 환경이다. 흙수저이니 스마트폰이 없어도 된다. 아산병원 정희원 교수는 스마트폰은 수면, 독서 등 건강한 활동을 방해하는 디지털 마약이라고 한다. 우리의 일상을 파괴하는 스마트폰으로부터 벗어날 수 있으니 정신 차리기에 딱 좋은 환경이다.

흙수저이니 인스턴트 음식보다는 엄마가 해 주는 밥과 반찬을 주로 먹을 수 있다. 고열량, 고지방, 고나트륨, 인공 조미료와 첨가물, 영양소 부족, 소화 문제 및 섬유질 부족 등 건강에 좋지 않은 요인을 골고루 갖춘 인스턴트 음식은 잘사는 친구들에게 양보하고, 나는 건강한 식습관으로 맑은 정신을 유지하고 공부에 집중할 수 있다. 절에

돈 되는 공부가 진짜 공부다

서 스님들이 밥과 채소만 먹고도 엄청난 양의 공부를 할 수 있는 이유이다.

흙수저이니 비싼 돈이 드는 스터디 카페나 사설 독서실에 가지 않고 금수저들이 세금 내서 운영하는 시설 좋은 공공도서관에 갈 수 있다. 넓은 도서관에서 여름엔 시원하게 겨울엔 따뜻하게 토요일도 일요일도 공부할 수가 있는 것이다. 흙수저이니 비싼 돈 주고 원어민 잠깐 만나는 학원에 가지 않고 책과 시각화를 통해 전 세계인을 만날 수 있다. 사실 시각화를 통해서는 미국인뿐만 아니라 프랑스인, 중국인, 일본인 등 온갖 외국인을 만날 수가 있다.

학교에서는 내수용 영어를 가르치지만 나만은 맑은 정신과 시각화를 통해 국제용 영어를 공부하면 된다. 그리고 커서 외국어도 맘껏 써먹고 수저도 업그레이드하면 되는 것이다.

09

의대 쏠림과 늦머리

서울대 이공계열에서 가장 많은 학생이 수강하는 교양과목은 수학이다. 수학을 더 공부한 후 반수를 해서 의대를 가기 위해서다. 초등학생들에게도 '의대 광풍'이 번져 대치동 학원가에는 초등 의대반이 열풍이다. 이젠 전국 20개의 의대를 다 채운 다음이 SKY 대학일 정도로 의대 쏠림 현상이 심하다. 의료대란이 있어도 상관없다. 일반의 따고 피부과 차리면 되니까.

한 교육 전문가는 어떤 현상이 말기적 단계에서 마지막 불꽃을 피우듯, 의대 쏠림도 사교육의 마지막 증상이라고 말한다. 최상위 학생들만 놓고 보면 맞는 말이다. 하지만 사교육 현장에서는 최상위가 아닌 학생들이 대다수이다. 그 대다수의 부모들은 자식이 공부를 못해서 대학을 못 가고 나중에 낙오될까 봐 사교육을 받는 것이지 의대를 보내려고 사교육을 받는 것이 아니다.

게다가 우리 사회에서 대학 졸업장은 실질적인 효용을 떠나 정서적인 학벌의 의미도 크다. 대학을 안 나오면 사회생활에서뿐만 아니라 주변 사람들에게서도 무시를 당한다. 따라서 인서울이 안 되면 수도권이라도 보내야 하고 4년제가 안 되면 2년제라도 보내야 하는 것이다. 그래서 힘들더라도 자식의 뒷바라지를 하게 되고 대학의 봉 노릇을 하게 되는 것이다. 부모에게 이 길의 끝은 대학이다. 하지만 좀 더 긴 안목으로 공부를 바라보면 좋겠다. 당장은 성적이 좋지 않더라도 공부의 본질로 돌아가 원리를 생각하고 고민하는 진짜 공부를 하다 보면 언젠간 늦머리도 트이고 세상 물정을 깨달아 돈을 벌 수 있게 된다.

고등학교 때 내 친구는 성적이 바닥이었지만 늘 내게 질문을 했다. 형식적인 질문이 아니라 정말 이유를 알고 싶어 했다. 그 친구는 대학을 가는 대신 식자재를 연구했고 지금은 전국 3,400여 개의 매장에 납품을 하는 식자재 회사를 소유하고 있다. 한 친구는 경희대 지리학과를 갔는데 지리 답사를 하면서 여기저기에 방치되어 있는 고철을 보고는 돈이 되겠다 싶어 밤낮으로 고철에 대한 연구를 했다. 졸업 후 고철 장사를 시작해 현대그룹의 노후 제철소 철거를 도맡았고 사우디아라비아까지 가서 석유 파이프 철거 작업을 맡아 말 그대로 떼돈을 벌었다.

한 5년 늦는 대신 진짜 공부를 통해 부자가 되어 한 10년 더 살면 되지.

10
학원에서 자기주도학습을 한다고?

초등 때는 아이의 의지와 상관없이 부모가 알아서 학원을 보낸다. 부모주도학습이 시작되는 것이다. 부모주도학습은 사교육 소비에 적합한 모델이다. 돈을 내는 주체가 부모이기 때문이다. 학원에서 대부분의 학생들은 스스로 계획을 세워 공부하기보다는 학원이 세워 준 계획에 따라 공부한다. 하지만 그것은 학생 개인을 위한 계획이 아닌 학원을 운영하는 커리큘럼상의 계획일 뿐이다. 학생 개개인의 자기주도학습을 코칭해 주는 것은 학원 운영상 효율적이지 않기 때문이다. 따라서 이는 엄연히 학원주도학습이다.

그런데 만약 우리 사회에 부모 간섭도 없고 학원도 없다고 가정해보자. 그래도 각자 어느 대학을 가느냐는 마찬가지일 것이다. 공부는 부모나 학원이 하는 게 아니라 자기가 하는 거니까. 사람은 천성적으로 자신의 생각을 따르고 다른 사람의 명령을 배척한다. 사춘기 청소년이 반항적으로 행동하는 건 바로 그 이유이다. 따라서 최대한 스스

돈 되는 공부가 진짜 공부다

로 생각하고 선택해야 행동으로 더 잘 옮긴다. 자기주도학습은 스스로 선택하는 공부다. 대다수의 학생들에게 공부는 재미없고 내키지 않는 일이다. 어른들이 일 안 하고 여행을 가고 싶은 것과 마찬가지다. 이 하기 싫은 공부를 하면서 스스로 목표를 정하고 자신의 역량과 체력에 맞춰 계획을 세워 견디고 지속하는 것이 자기주도학습이다.

사람은 누구나 저마다 타고난 소질과 성품이 있고 그에 맞는 최상의 공부 방법이 있다. 100명의 아이에게 100가지 공부 방법이 있는 것이다. 공부를 잘하고 본인이 세운 목표를 이루기 위해서는 하루 24시간을 자기가 계획하고 실천할 수 있어야 한다. 아무리 바쁘고 시간에 쫓기고 있다 해도 그것이 목표를 위해서 보내는 시간이 아니라면, 또 목표를 위해서 시간을 투입하고 있지만 그것이 효율적인 방법이 아니라면 그 시간은 낭비되는 것이나 다를 바 없다. 세면대에 물을 틀어 놓고 다른 일을 하는 것과 마찬가지다. 혹시 알아듣지도 못하는 학교와 학원의 수업을 듣느라 낭비해 버리는 시간은 없는지, 복습할 시간도 없이 그냥 듣고만 마는 수업은 없는지, 자신도 모르게 스마트폰에 정신을 잃고 있는 건 아닌지 체크해 봐야 한다.

시간의 양과 질을 효율의 극대화를 위해 변화시키지 않는다면 우리의 시간은 무의미하게 사라져 갈 것이다. 그리고 이 모든 건 자기주도적으로 해야 한다. 부모주도학습과 학원주도학습이 당장은 성과가 있는 듯하지만 자기주도성이 없는 삶은 결국 무너지게 되어 있기 때문이다.

11
엄친아

엄친아의 부모들은 한결같이 말한다. 밥 세 끼 챙겨 준 일 외엔 별로 한 일이 없다고. 밥 세끼는 부모의 말 없는 정성이다. 그 이상은 간섭이다. 아이가 훌륭하게 자라길 바란다면 아이에게 부모의 훌륭한 모습을 보여 주면 된다.

영국의 사회학자 마이클 영(Michael Young)은 자신의 저서 능력주의(meritocracy)에서 능력(merit)=지능(I.Q.)+노력(effort)이라고 말한다. 그런데 그 지능은 유전적 성격이 강하기 때문에 우리가 할 수 있는 건 바로 노력이다. 따라서 부모 자신이 그 노력을 통해 인생을 성실히 살아가면서 발전하는 모습을 보여 주면 된다. 내가 내 길을 보여 주는 게 가장 큰 교육인 것이다.

부모가 할 수 있는 건 거기까지다. 아이는 주어진 지능만큼이라도 최선을 다하면 된다. 어떤 엄마는 아이가 성적표를 받아오면 "미안해, 머리 좋은 엄마한테서 태어났으면 네가 이렇게 고생하지 않아도

돈 되는 공부가 진짜 공부다

될 텐데…" 하며 미안해했다고 한다. 아이는 그런 엄마를 위해 최선을 다해 엄마에게 엄친아의 영광을 안겨 준 것이다. '넌 누굴 닮아서 이 모양이니?'라고 물어도, 결국 나를 닮은 거다.

12
영재학원

가르치는 일을 하다 보면 공부 재능이 뛰어난 아이들을 종종 만나게 된다. 이런 아이들은 자기 학년의 교과 과정을 배우는 것이 무의미해 보일 만큼 지적 수월성을 가지고 있다. 이 아이들에게 선행이라는 말은 어울리지 않는다. 그냥 앞서 나갈 뿐이다. 이 아이들은 자기 주도적이고 열정까지 있다. 선생님보다 머리가 좋아서 혼자 공부하는 게 훨씬 낫기 때문에 사교육비조차 비교적 덜 든다. 이런 아이들이 진짜 영재다.

한번은 7세 아이에게 영어를 가르쳤는데 8세가 되자 원서 한 권을 자기 혼자 일주일 만에 다 읽고 토론까지 하게 되었다. 내가 되레 이 아이를 따라가느라 바빴었다. 공부는 자기가 하는 것이지 학원이 해 주는 것이 아니다. 영재학원은 대부분 상술일 뿐이다.

돈 되는 공부가 진짜 공부다

13

어설픈 우등생

"한국 학생들은 미래에 필요하지 않은 지식과 존재하지 않을 직업을 위해 매일 15시간씩이나 낭비하고 있다." 미래학자 앨빈 토플러가 한 말이다.

일부 지역을 제외한 대부분의 중학교는 시험 문제의 변별력을 어려운 문제를 해결하는 사고력과 문해력에 두지 않고 함정을 만들어 놓고 실수를 하느냐 하지 않느냐에 둔다. 따라서 실수하지 않으려고 공식을 외우고 죽어라 같은 문제를 풀고 가능한 많은 문제를 풀고 틀리면 더 많이 푼다. 중학교 때 학원에 의지해 암기와 반복 위주로 열심히 공부한 학생은 우등생이다. 자기주도학습 능력을 상실한 어설픈 우등생이다.

인간은 타인에게 의지할수록 나약해진다. 스스로 이룬 것이 아니면 언젠간 무너진다. 중학교 때 어설픈 우등생은 고등학교 가서 맥을 못 춘다. 어차피 최상위권 외엔 인생이 바뀌지 않는다는 생각에 공부 무기력증에 빠진다. 하지만 공부는 과정이다. 몸과 마음을 함께 다스리는 수련의 과정이다. 놀고 싶은 거 참고, 졸음을 이겨 내고, 이해 안 되는 부분을 이해하려고 노력하는 과정이다. 학원에 의지하지 않고 내가 나를 속이지 않고 매일매일 충실하게 나를 다스리는 과정이다. 이러한 과정을 통해 공부가 단지 대학을 가는 수단을 넘어 평생 돈을 버는 무기가 되는 것이다.

14

인서울 정도는

많은 부모들은 자기 아이가 "인서울은 가겠지."라고 생각한다. 그런데 인서울의 중하위에 속하는 숭실대, 서경대, 삼육대 정도를 가려면 반에서 3~5등은 해야 한다. "부모 때는 공부를 별로 안 해도 갈 수 있었던 대학을 반에서 5등 해야 간다고? 게다가 반에서 5등 하려면 우리 때 SKY 대학 가는 만큼 공부해야 한다고?" 사실 그렇다. 그 이유는 다음과 같다.

1970년대 강남 개발과 함께 상류층 중심의 그룹 과외가 대치동 공간으로 이동했고 이곳에서 대한민국 최고의 사교육이 생산되고 소비되었다. 상류층은 사교육 무한경쟁을 시작했고 그것이 전국화되어 전 국민의 사교육 희망고문이 시작되었다. "따라오지 마!" 하고 성을 쌓았는데 누구나 따라가는 형국이 되어 버린 것이다. 결국 학생들이 감당해야 할 지식의 양이 획기적으로 늘어났다.

부모 때는 중학교 가서야 시작했던 영어를 지금은 유치원 또는 초등 저학년 때 시작한다. 부모 때 국어는 우리말이니 다들 별 신경 쓰지 않았지만 지금은 많은 학생이 수능 국어 시험지를 받아 보는 순간 첫 지문부터 그 길이와 난해함에 멘탈이 무너진다. 내가 미국 은행에서 일할 때 어렵게 공부했던 파생상품에 관한 내용이 고2 모의고사에 장문의 지문으로 나온다. 교과서에는 전혀 언급되지 않은 내용이다. 교과서의 범위가 100이면 시험 범위는 1,000이다.

부모 세대 때 SKY 대학에 갈 정도의 학습량이면 지금은 인서울 정도 간다고 보면 된다. 지역별로 차이는 있지만 특별한 학군을 제외하고는 숭실대는 반에서 3등은 해야 갈 수 있고 삼육대는 반에서 5등은 해야 갈 수 있는 게 지금의 현실이다. 내가 아이를 키울 때 이런 현실을 알고 했던 말을 그대로 인용해 보고자 한다. "정말 해도 해도 너무 한다. 굳이 이런 개싸움판에 내 아이를 몰아넣어 물리고 뜯기게 할 필요 없다. 마치 대학이 다인 듯이 이미지화하는 대학과 사교육의 상술에 봉이 될 필요 없다."

그래서 나는 아이를 학원에 보내지 않았고, 진심으로 하는 공부는 결국 돈으로 연결되니까 성적 신경 쓰지 말고 즐겁게 공부하라고 했다. 아이는 공부는 돈이라는 생각으로 스마트폰을 2G폰으로 바꾸고 공부에 집중했다. 그리고 서양미술과 컴퓨터공학을 전공한 후 두 전공을 잘 살려 돈을 잘 벌고 있다. 자본주의는 돈이다. 공부는 돈이다. 책 속에 돈이 있다.

돈 되는 공부가 진짜 공부다

15

매몰비용의 오류

한눈에 혹해서 고가의 명품 구두를 산다. 그런데 집에 와서 신어 보니 잘 맞지도 않고 어울리지도 않는다. 비싼 돈을 주고 샀으니 버릴 수가 없어 장롱에 보관한다. 그리고 세월 지나 결국 버린다. 심리학에서는 이를 매몰비용의 오류라고 한다.

매년 쏟아지는 대학 졸업장도 이와 같을 수 있다. 십수 년간 돈 들이고 고생해서 얻은 졸업장이니 그에 맞는 일자리를 구할 수 없다 해도 눈높이를 낮출 수는 없는 노릇이다. 우선은 알바를 하면서 눈높이에 맞는 양질의 일자리를 추구하지만 해가 갈수록 취업은 더 멀어진다. 그렇게 몇 년 지나면 알바가 자신의 신분이 되어 버린다. 나는 강사 채용을 위해 항시 이력서를 받는다. 쌓인 이력서를 보면 늘 안타깝다. 다들 원하는 취업을 할 때까지만 일하려는 대졸자들이다. 이들이 일찍부터 자신들의 진짜 재능을 찾고 소질을 개발해 왔다면 지금쯤 더 나은 인생을 살고 있을 것 아닌가?

세계적인 석학 유발 하라리는 말했다. "지금까지는 20대까지 공부한 걸로 평생 먹고살았다. 하지만 앞으로는 나이 예순에도 여든에도 끊임없는 자기 계발을 해야 할 것이다. 구체적으로 뭘 배워야 할지는 알 수 없다. 하지만 경직되어 있는 사람, 마음이 유연하지 않은 사람은 버티기 힘들 것이다." 다시 말해 평생 공부하고 자기 계발을 하지 않으면 먹고살기 힘들다는 것이다. 따라서 학생 때는 도전과 실패를 통해 평생 공부를 위한 자신만의 공부법을 개발하고 공부를 습관화하는 일이 대학 졸업장을 따는 일보다 훨씬 더 중요하다.

낙동강 오리알이라는 말이 있다. 어정쩡한 위치에 존재감 없이 소외되고 고립된다는 말이다. 공부의 목적을 입시에만 두면 대학다운 대학에 가는 소수 외엔 낙동강 오리알이 될 가능성이 크다. 입시를 뛰어넘어 평생 공부를 위한 진짜 공부를 해야 하는 이유이다.

돈 되는 공부가 진짜 공부다

16

공부 안 한다 그랬잖아

부모 세대엔 대학 나온 녀석 밑에 대학 못 나온 녀석이 일하는 게 일 반적이었다. 하지만 이젠 다르다. 생각이 있는 녀석 밑에 생각이 없 는 녀석이 일한다.

'음식을 가서 먹는다.'에서 '시켜 먹는다.'라는 생각 하나로 '배달의 민족'을 만든 김봉진 대표 밑에 수많은 배달 알바가 일한다. 이동이 필요한 사람과 차를 가진 사람을 연결한다는 생각 하나로 30대인 트 래비스 칼라닉(Travis Kalanick)은 우버를 54조 원의 기업으로 키웠 다. 남는 방을 여행자에게 숙소로 연결해 준다는 생각 하나로 30대 의 브라이언 체스키(Brian Joseph Chesky)는 에어비앤비를 20조 원 의 기업으로 키웠다.

세계 최상위 부자들은 한결같이 '부는 생각에서 비롯된다.'고 말한 다. "내가 열심히 일한 시간은 달러를 벌지만 내 아이디어는 100만 달 러를 번다." 『부의 추월차선』의 저자 엠제이 드마코(MJ DeMarco)가

한 말이다. 4,000억대의 자산가로 알려진 스노우폭스의 김승호 회장은 "국영수를 잘해야 성공하는 것이 아니다. 성공은 생각을 얼마나 깊게 하느냐에 따라 나뉜다. 독서하고 상상하면 부자가 될 수 있다."라고 말했다.

한 TV 다큐멘터리에서 엄마와 딸의 대화가 소개되었다. 딸은 대학을 나와 취업 준비를 하다가 최근 알바로 일하던 편의점도 매출이 줄어 그만둔 상태다. 엄마가 말한다. "이게 뭐니? 내가 너한테 어떻게 했는데." 딸도 미안한 마음은 있다. 하지만 화를 내며 말한다. "그래서 내가 공부 안 한다 그랬잖아." 부모들은 "다 너 잘되라고 그러는 거야."라고 말하며 공부를 강요한다. 그러나 그것은 사랑으로 위장된 부모의 욕망이다. 스위스 심리학자 엘리스 밀러(Alice Miller)는 그것을 '사랑이라는 이름의 폭력'이라 불렀다.

아이가 중고등학교 때는 오로지 대학만 보인다. 일단 대학에 가면 손해 볼 일은 없다고 생각한다. 하지만 그 생각은 틀릴 수도 있다. 시험공부에만 매달리느라 정작 돈이 될 수 있는 아이디어와 재능이 묻힐 수도 있기 때문이다. 학교 공부가 끝나면 더 이상 공부를 하지 않아 평생 진짜 공부를 통해 돈을 벌 수 있는 기회를 잃을 수도 있기 때문이다.

지금 부모 세대의 부모들은 자식들의 공부에 그리 관여하지 않았다. 그저 "밥 먹고 해라." 정도였다. 자신들이 못 배우고 몰랐으니까. 반면 지금 부모 세대는 아이들 공부에 적극적으로 관여한다. 배울 만

돈 되는 공부가 진짜 공부다

큼 배우고 알 만큼 아니까. 하지만 이로 인해 아이들은 무기력해지고 주체성을 잃는다. 불만도 쌓이고 분노도 쌓인다.

물론 아이가 어릴 땐 보살펴 주고 관여하는 것이 맞다. 하지만 아이가 사춘기쯤 되면 한발 물러서서 스스로 생각할 시간을 주는 게 훨씬 더 좋은 전략이다. 공부에 욕심이 있는 아이는 공부에 집중할 것이고 그렇지 않은 아이는 잠시 방황하면서 제 나름의 길을 찾을 것이다. 부모 자신도 아이가 살아갈 미래를 정확히 모르면서 괜히 관여했다가 원망만 듣는 것보단 나은 일 아닌가?

17
입시 트라우마

한국 사회에서 성장한 사람의 상당수가 지니고 있는 공통의 트라우마는 대학 입시의 경험, 즉 수험생의 시간이다. 공부를 할 수밖에 없는 상황에서 쌓인 스트레스가 평생 남아 시험이 아니면 굳이 책을 찾아서 읽고 싶은 욕망도 없고 더 이상 공부할 마음도 생기지 않는 것이다. '하겠다.'와 '할 수밖에 없다.'는 천지차이이다. 그렇다면 우리의 대학 입시는 할 수밖에 없는 의무인가? 아니다. 선택일 뿐이다.

입시라는 제도가 있으니 누구든 도전하여 대학 간판을 따라는 것이다. 대학 간판이 인생의 전부는 아니지만 인생에서 처음 획득하는 정체성이자 평생 가는 신분증이다. 중학생쯤 되면 공부 열심히 하면 좋은 대학 간다는 것과 좋은 대학 가면 어쨌든 좋다는 것쯤은 잔소리 안 해도 안다. 중학생이면 이제 스스로 선택하는 것이다. 열심히 공부할 것인지 아니면 다른 재능을 찾을 것인지. 스스로 선택하지 않고 강요에 의해 억지로 공부하면 스트레스가 쌓이고 트라우마만 남

돈 되는 공부가 진짜 공부다

는다.

훗날 부모의 입장에서는 억지로라도 시켜서 대학을 갔으니 부모로서의 할 일을 했다고 생각할 것이다. 하지만 내 생각은 다르다. 가만히 놔두었으면 더 잘될 수도 있었을 것이다. 억지로 한 공부로 갈 수 있는 대학은 분명 좋은 대학은 아닐 것이다. 그저 그런 대학을 나와 알바를 하는 것이나 대학을 안 나오고 알바를 하는 것이나 마찬가지 아닌가?

오히려 가만히 놔두었으면 스스로 정신 차려서 공부를 했거나 아니면 다른 재능을 찾았을 것이다. 엄마가 눈앞에 없어야 현실을 직면하기 때문이다. 이도 저도 아니면 최소한 대학에 그 많은 돈을 갖다 바치지는 않았을 것이다. 미국에서 성공을 거둔 코리아펀드의 주인공인 존 리의 말처럼, 그 돈으로 주식을 사 주는 게 훨씬 나았을 것이다.

많은 학생들이 '하겠다.'라는 의지보다는 할 수밖에 없는 상황 속으로 몰리는 이유는 당장의 성적에 연연해하는 부모들 때문이다. 스스로 선택하게 놔두면 공부할 유전자는 공부하게 되어 있고 다른 것을 할 유전자는 다른 걸 하게 되어 있다. 생긴 대로 사는 것이다. 주식도 10년 이상 묻어두면 큰돈이 되지만 단기간에 사고팔면 대부분 망한다. 당장의 주가에 목을 매는 투자자들 덕분에 증권사는 수수료를 번다. 당장의 성적에 목을 매는 부모들 덕분에 학원은 돈을 번다.

18
실패는 성공의 어머니

역경지수(Adversity Quotient)란 수많은 역경에도 굴복하지 않고 끝까지 도전해 목표를 성취하는 능력을 말한다. 아무리 지능지수(IQ)나 감성지수(EQ)가 높다고 해도 역경을 이겨 내지 못하면 성장할 수 없다. 역경지수(AQ)는 실패를 거듭할수록 높아진다고 한다. 사회성이 짙은 휴머니즘 드라마를 써서 우리에게 잘 알려진 노희경 작가는 태어나는 순간부터 버림받은 자신의 고단한 성장 과정을 극복하고 대한민국 최고의 드라마 작가가 되었다. 그는 "내가 만약 가난을 모르는 범생이었다면 실패 뒤에 어찌 살아남을 수 있었겠는가? 그 시절은 이제 와 내게 좋은 글감들을 제공한다. 아픔의 기억은 많을수록 좋다."라고 말한다.

성공의 비결은 도전과 실패를 많이 해 보는 것이다. 따라서 중학교 시기에 가장 중요한 것은 공부에 대한 도전과 실패를 반복함으로써 자신에게 맞는 학습법을 찾아가는 것이다. 사람은 10인 10색이다.

돈 되는 공부가 진짜 공부다

10명이 있으면 10가지 방법이 있고 100명이 있으면 100가지 길이 있다. 하루는 누구에게나 24시간이다. 그 24시간을 이렇게도 해 보고 저렇게도 해 보면서 자신에게 가장 효율적인 공부 시간, 독서 시간, 운동 시간, 휴식 시간을 찾아내야 한다. 학교 수업에 집중하기 위해 새벽에 일어나 운동을 해 보기도 하고, 예습과 복습을 아침에도 해 보고 밤에도 해 보고 쉬는 시간에도 해 보면서, 자신의 신체 조건에 맞는 자신만의 스타일을 찾아야 한다.

중학교 3년간의 시행착오를 통해 최적의 스터디 스타일(Study Style)을 완성한 후 고등학생이 되면 그 스타일대로 죽기 살기로 공부하면 된다. 하지만 우리나라의 많은 중학생들은 학교 수업은 흘려보내고 학원에서는 학교 공부를 하느라 바쁘다. 부모들은 학생의 성적이 조금만 떨어지면 당장 학원을 옮길 준비가 되어 있다. 따라서 학생도 학원도 시험에 나오는 유형만 반복해서 풀면서 시간을 다 보내야 한다. 어려운 문제에 도전하거나 자신만의 스터디 스타일을 찾아 도전과 실패를 해 볼 시간이 없다. 문제를 풀 수 있는 해결책을 찾아내는 데 필요한 인고의 시간을 가질 틈이 없다. 결국 무의미하게 시간을 보냈다는 것을 세월 지나서 알게 된다. 거친 파도가 1등 항해사를 만든다. 도전과 실패가 수능 1등급을 만든다.

19
공부머리와 창의성

국내 입시교육 분야 1위 업체인 메가스터디의 손주은 회장은 공부를 잘하는 건 타고난 능력이라고 말한다. 미시간주립대 연구팀이 선천적 재능과 노력의 관계를 조사했다. 전체 성과에서 타고난 재능이 차지하는 비중이 게임은 74%, 음악은 79%, 스포츠는 82%, 그리고 교육은 96%였다. 결국 여러 재능도 그렇지만 특히 공부는 타고난 재능에 의해 결정된다는 것이다. 그런데 타고난 재능에 의해 결정되는 공부와는 달리 자신의 노력에 의해 달라질 수 있는 것이 있다. 바로 창의성이다. 홍익대 광고홍보학부 최용주 교수는 "창의성은 타고나는 게 아니다. 노력, 연습을 통해 얼마든지 개발할 수 있다."고 했다.

창의성은 4차 산업혁명 시대의 핵심 키워드이다. 구글, 애플, 아마존, 페이스북, 넷플릭스 등 글로벌 IT기업들의 성장엔 '창의성'이 토대를 이루고 있다. 아이들이 살아갈 미래엔 더욱더 많은 부가가치가 창의성에서 나올 것이다. 쉽게 말해 창의성이 돈줄이라는 얘기다. 미래의 돈줄인 창의성은 공부머리와는 달리 노력과 연습을 통해 얼마든 지 개발할 수 있다니 이 얼마나 희망적이고 고무적인 사실인가? 아이가 공부머리가 있다면 좋겠지만 없다면 더 좋다. 안 되는 공부에 매이지 않고 다른 재능을 찾고 창의성을 개발할 수 있는 여유가 생기는 것 아닌가?

20

못질 하나라도

'자식 투자가 가장 위험한 투자'라는 말이 있다. 공부가 답이 아닌데도 끝까지 포기를 못하는 경우가 그렇다. 가르치는 사람의 눈으로 보면 '저 아이는 공부는 아니구나!' 하는 게 훤히 보인다. 아이를 진정으로 사랑한다면 그런 아이에게는 살 길을 열어 주어야 한다. 못질 하나라도 가르쳐서 먹고살 수 있도록 해 주어야 한다.

내가 아는 한 청년은 못질 하나로 먹고산다. 요즘은 1인 가구가 많고 또 성능 좋은 드릴이 없으면 벽에 못을 박기가 힘든 경우가 많아 못질에 대한 수요가 꽤 있다. 게다가 이 청년은 전기에 관한 자격증이 있어 못질과 함께 일반 가정에서 다양한 전기 공사를 한다. 한 번은 내 학원의 천장에 프로젝터를 달아 주었는데 30분 만에 못 몇 개 박고 전선 연결해 주는 데 30만 원을 받아갔다. 또 한 번은 저녁때 학원이 정전이 되어 급하게 호출했는데 누전차단기 몇 개 갈고는 80만 원을 받아 갔다. 게다가 멋진 오토바이를 타고 질주하는 것을 즐기

　　　　　　　　　　　　　　　돈 되는 공부가 진짜 공부다

며 일한다. 이것저것 열심히 연구해 자기에게 맞는 돈벌이를 찾은 것이다.

한 젊은 부부는 욕실 실리콘 공사만 전문으로 한다. 독일제 재료를 써서 곰팡이도 슬지 않고 기술이 좋아 깔끔하다. 이들은 고등학교 때 공부에 미련을 버리고 이것저것 배우다가 욕실 실리콘 공사가 알짜인 걸 알고 사업에 뛰어들었다. 공사비는 60만 원이고 오전에 한집 오후에 한집을 하는데 주문이 밀려 있다. 하루에 재료비를 빼고도 100만 원은 버는 셈이다.

한국은 의대 열풍 미국은 배관공 열풍이라고 한다. AI가 아무리 발달해도 인간만이 할 수 있는 기술들이 있다. 목수, 배관, 전기, 중장비 등등. 숙련되면 벌이도 꽤 괜찮고 퇴직도 따로 없다. 내 친구는 터널 공사하는 곳에서 포클레인을 모는데 월 800~900만 원 정도를 벌고 대우도 정말 좋다. 물론 공부는 그 끝까지 해 보는 게 맞다. 그렇게 해 봐야 자기 자신을 알게 되고 평생 큰 도움이 된다. 그러다가 정말 최선을 다하는데도 공부가 답이 아니라고 판단되면 다른 재능을 찾아 살길을 열어 주는 게 부모의 역할 아닐까?

21

명문대보다 부자

내신 점수가 중학교 때까진 그럭저럭 괜찮았는데 고등학교 가서 뚝 떨어지는 학생들이 많다. 중학교 공부는 어느 정도 암기력과 노력으로 해낼 수 있지만 고등학교 공부는 사고력, 문해력, 추론 능력 등 근본적 역량이 있어야 한다. 따라서 노력을 다들 똑같이 한다고 가정하면 결국 중요한 건 머리인 셈이다. 학원은 아이가 고등학생이 되어 공부를 잘할지 아닐지를 초등학교, 중학교 때 웬만큼 알 수 있다. 하나를 가르쳐도 열을 깨우치는 아이가 있는가 하면 그 반대의 아이도 있기 때문이다. 다만 부모한테는 "아이가 머리는 좋은데 노력을 안 해서…"라고 말하며 부모가 미리 실망하지 않도록 배려할 뿐이다. 하지만 미리 아는 게 낫다. 그래야 미리 여러 가지 가능성도 생각해 볼 수 있다.

시대를 초월한 영원한 베스트셀러인 『자기관리론』의 저자 데일 카네기는 있는 그대로를 보고 최악의 결과를 상상하라고 했다. 아이

돈 되는 공부가 진짜 공부다

가 공부 머리가 아니라고 치자. 고등학교 때 수학을 잘하지 못할 게 뻔하다고 치자. 기껏해야 명문대 못 가는 것밖에 더 있는가? 미리 내려놓고 성적에 얽매이지 않으면 이제 진짜 공부를 할 수 있다. 진짜 공부란 평생 공부를 하기 위한 기초를 쌓는 공부다. 분초 단위로 변하는 세상에서 평생 공부하지 않으면 설사 좋은 대학을 나와도 결국 도태된다.

진짜 공부를 하기 위해 가장 중요한 것은 공부에 대한 마음가짐이다. 공부에 대한 마음가짐에 있어 나는 다른 어른들과는 조금 다른 견해를 가지고 있다. 나는 젊은 시절 미국 은행에서 투자와 관련된 일을 했었기 때문에 공부는 곧 돈이라는 생각을 늘 해 왔다. 세계 최고의 부자인 워런 버핏 또한 "자신이 배우는 데 투자하는 것이 가장 큰 투자다."라고 말했다.

모든 책은 제대로 읽고 내 것으로 만들면 자산이 된다. 책 한 권을 읽으면 1,000만 원을 벌 수 있다고 생각해 보자. 눈에 불을 켜고 책을 읽지 않겠는가? 1,000만 원은 과장이 아니다. 책 한 권이 인생을 바꿀 수도 있고 사업의 성공을 이끌 수도 있는 것이다. 알려고 하는 마음으로 눈에 불을 켜고 책을 보면 문해력이 쌓인다. 문해력이란 글을 읽고 이해하는 능력이다. 바로 그 능력으로 자신이 관심 있는 분야의 공부를 하고 유튜브 강의도 보다 보면 대학을 가든 안 가든 길은 열리게 되어 있고 돈도 벌게 되어 있다. 명문대를 나오는 것보다 부자가 되는 것이 훨씬 더 멋진 일 아닌가?

3장
실전 공부의 힘

01

숙제가 없으면 불안한 엄마

초3 여학생 송이는 영어교육 프로그램이 잘되어 있어서 주변 지역 부모들이 다들 보내고 싶어 하는 한 사립초등학교에 다닌다. 방과 후 엄마는 송이의 가방을 대신 메고 송이와 함께 카페에 간다. 우쭐하다. 이 학교 가방이 나의 정체성이다. 중학교도 사립중학교에 보낼 예정이다. 생각을 같이하는 엄마들 모임에도 열심히 참여한다. 아이가 어느 학원에 다니고 성적이 어떻고 선행을 얼마나 하는지 등의 정보를 주고받으며 우쭐한 엄마도 있고 열받는 엄마도 있다.

송이는 우리 학원에서 영어와 수학을 수강했는데 많이 느렸다. 숙제를 내주면 한나절이 걸렸고 못 해오는 날이 많았다. 송이는 엄마가 실망할까 봐 숙제를 안 한다고는 하지 않았다. 엄마는 보다 못해 숙제를 내지 말아 달라고 했다. 송이는 너무 좋아했다.

다음 날 전화가 왔다. 집에서 숙제를 안 하고 있으니 불안해서 못 살겠다고 했다. 다시 숙제를 내주었다. 송이는 숙제를 붙들고 있었지만 결국 못 해왔다. 다시 전화가 왔다. 숙제를 붙들고 있으면 답답하고 안 하면 불안하다고 했다. 엄마가 일이 없어서 그렇다. 한석봉의 엄마처럼 떡을 썰든지 아니면 공부를 하면 된다. 외국어이든 사주명리학이든 아이 가방 메고 카페에 가는 것보다 재미있는 공부가 많다.

주변 엄마들에게 열받아 아이의 일거수일투족을 간섭하고 통제하면 아이의 마음에 엄마에 대한 저항만 싹튼다. 엄마가 틀렸다는 것을 입증하기 위해 공부를 일부러 못하기도 한다. 엄마가 자식 교육에 실패했다는 걸 증명하기 위해 일부러 자신의 인생을 망가뜨리고 불행해지기도 한다.

송이는 결국 학원을 그만두었다. 그리고 1년 후에 다시 왔다. 1년간 사교육을 전혀 못했다고 했다. 송이의 실력은 1년 전 수준에 멈춰 있었다. 숙제에 대한 엄마의 집착 때문에 1년을 공친 것이다. 안 하는 것보단 낫다는 생각으로 편안하게 학원을 다니게 했으면 1년을 그냥 보내지는 않았을 것이다. 송이의 엄마는 다시는 숙제에 집착하지 않을 테니 학원의 재량껏 가르쳐 달라고 부탁했다.

그렇게 송이는 학원을 신나게 다녔고 2년 후엔 다른 또래 아이들과 같은 수준의 교재로 공부하게 되었다. 그리고 집에서 먼 사립중학교가 아닌 집 앞의 공립중학교에 입학했다.

100점 아니면 안 되는 엄마

중1 남학생 철수는 머리가 좋아 공부를 잘한다. 엄마는 철수가 꼭 특목고에 가야 한다고 생각한다. 특목고에 가려면 3년 내내 100점을 놓치지 않아야 유리하다. 철수가 우리 학원에 다닌 이후 학교에서 첫 시험이 있었다. 영어에서 실수로 딱 한 문제를 틀렸다. 엄마는 당장 학원을 옮겼다. 이후에도 학원을 계속 옮겨 다녔다고 한다.

인생은 원래 새옹지마다. 시험 점수는 100점을 맞으면 좋다. 그런데 100점을 못 맞으면 더 좋다. 특목고 떨어진 김에 일반고에서 1등해서 원하는 대학에 가면 되는 일 아닌가? 실제로 우리 학원에 다닌 많은 학생들이 일반고에서 최상위를 유지해 최상위 대학을 갔다. 반면 특목고에 갔다가 적응을 못해 일반고로 전학 간 학생들도 많다. 굳이 자신과 아이를 100점이라는 감옥에 가두어 그렇지 않아도 힘든 공부를 더 힘들게 만들 필요가 있을까? 나는 몇 년 후 철수 소식을 들었다. 그 난리를 친 끝에 인서울 하위권 대학에 갔다고 한다.

03
엄중한 아빠

중1 여학생 정은이의 아빠는 목사님이다. 아빠는 정은이에게 영어를 직접 가르쳤다. 목사님인 탓에 늘 엄중한 분위기에서 정은이를 가르쳤다. 어느 날 아빠와 엄마가 같이 우리 학원에 와서 정은이를 맡기면서 공부를 많이 시켜 달라고 부탁을 했다. 그런데 정은이는 아빠에게 삐져 있었고 공부를 많이 시켜 달라는 말에 "왜 저러실까?" 하면서 반감을 표현했다. 사실 아이 공부에 아빠가 나서서 좋은 결과를 낳는 경우는 많지 않다. 공부는 머리가 아니라 마음이 하기 때문이다. 정은이는 아빠와 아빠가 가르쳐 준 영어에 대한 정서적 거부감이 있었다. 게다가 그간 아빠가 가르친 영어는 어휘와 독해 위주여서 읽기와 말하기는 아예 자신이 없었다.

사춘기에 접어든 정은이는 그간 친구들과 맘껏 놀지 못한 데 대한 억울함 때문에 친구들과 노는데 푹 빠졌다. 상황을 이해하지 못한 아빠는 수시로 학원에 들러 빨리 선행을 해 달라고 부탁했다. 나

돈 되는 공부가 진짜 공부다

는 아빠와 엄마를 같이 오게 해 상황을 설명한 후 언젠간 때가 올 거라고 말했다. 그들은 나의 말에 동의를 하면서도 불안해했다. 하지만 기다려주기로 했다.

정은이는 아빠 엄마의 간섭도 없고 친구들과 맘껏 놀 수 있는 상황이 되자 차츰 영어 공부에 관심을 가지기 시작했다. 몇 개월 후 정은이는 자기 친구들도 우리 학원으로 데리고 와서 같이 공부를 하기 시작했다. 친구들과 선의의 경쟁을 하면서 학습량도 차츰 많아졌다. 그리고 1년 후 기말고사에서 만점을 받았다.

04
역할을 잃기 싫은 엄마

중1 예솔이의 엄마는 어린이 두뇌개발 놀이지도사이다. 그래서인지 예솔이의 영어와 수학을 집에서 직접 가르쳤다. 예솔이의 실력이 어느 정도인지 궁금하던 차에 예솔이가 중1이 되자 우리 학원에 와서 상담을 했다. 예솔이의 영어 듣기는 또래보다 많이 뒤지지는 않았지만 들은 내용에 대한 이해도가 많이 부족했다. 게다가 어휘, 문법, 독해 등 다른 모든 영역은 초등 수준이었다. 수학 역시 개념은 어느 정도 이해하지만 응용은 전혀 못했다. 엄마표 공부의 가장 흔한 실패 사례다. 자신이 전문가 수준이 아니면 전문가에게 맡기는 게 낫다. 선무당이 사람 잡는다는 말이 있듯이 안다는 느낌은 가짜이다. 대학교수들조차 자식의 학교 공부를 직접 가르치지는 않는다.

예솔이가 학원에 등록하고 영어와 수학 첫 수업을 한 다음 날 엄마가 찾아왔다. 영어의 어휘와 수학의 1학기 과정은 자기가 집에서 가르칠 테니 학원에서는 영어의 문법과 독해, 수학의 2학기 과정을 가르쳐 달라고 했다. 학원에서 학습의 전반적인 과정을 관리하는 게 낫다고 설명해 주었지만 막무가내였다. 결국 예솔이는 학교 공부, 학원 공부, 엄마와의 집 공부를 병행하게 되었다.

여름방학이 되자 예솔이 엄마는 숙제를 많이 내달라고 했다. 방학하면 숙제를 늘리는 건 당연하다. 그래서 예솔이가 집에서 집중해서 할 수 있을 만큼의 숙제를 더 내주었다. 곧바로 엄마한테서 전화가 왔다. 예솔이가 시간이 더 있으니 숙제를 더 많이 내달라고 했다. 학원은 쉴 틈 없이 숙제를 내주었다. 그리고 숙제가 너무 많아서 힘들면 엄마에게 얘기하고 엄마가 학원에 얘기하면 줄여 주겠다고 했다. 예솔이는 엄마에게 숙제를 줄여 달라는 말을 못 하고 하루 종일 숙제에 매달렸다.

숙제를 해오긴 했지만 겉으로만 했다는 걸 한눈에 알 수 있었다. form(형성하다)을 from(~로부터)으로 대충 이해하고 넘겼다. flow(흐름)를 floor(바닥)로 해석했다. choir(합창단)를 chore(잡일)로 읽고 우리말 뜻은 모른 채로 넘겼다. 대부분이 그런 식이었다. 부모의 교육 방식에 따라 아이의 공부 스타일은 크게 둘 중 하나가 된다. 겉으로만 대충 공부하고 모르는 것을 안 들키려는 스타일, 스스로 빈틈 없이 공부하고 모르는 것을 질문하는 스타일. 부모가 무리하게 밀어붙이면 전자가 될 가능성이 많다. 예솔이는 전자의 스타일로 굳어 있었다.

2학기가 되자 예솔이는 하나의 진도를 놓고 학교에서는 흘려보내고, 학원에서는 멍한 상태로 공부하고, 집에서는 형식적으로 대충 하는 식의 악순환을 반복했다. 남들보다 2~3배의 시간을 쓰고도 집중해서 한번 공부하는 것과 비교하면 결과는 형편없었다. 그러던 중 드디어 올 것이 왔다. 예솔이에게 사춘기가 찾아온 것이다. 예솔이는 친구들과 어울렸고 공부는 손을 놓았고 엄마 말도 듣지 않았다. 나는 그렇게 될 걸 알고 있었지만 예솔이의 엄마에게는 설명해도 이해를 못 할 일이었다. 그래서 때를 기다린 것이다. 예상대로 예솔이의 엄마가 사색이 되어 학원에 찾아왔다. 나는 엄마에게 자초지종을 설명하고 이제 그만 예솔이 공부를 학원에 맡겨 달라고 했다.

학원은 예솔이의 학습량을 최소화하고 숙제도 내주지 않았다. 그리고 예솔이가 친구들과 어울려 실컷 놀도록 배려했다. 그간 엄마에게 옥죄어 온 것이 억울하고 분해서 폭발해 버린 아이에게 당분간은 자유를 만끽하게 해 주는 게 순서였다. 예솔이는 2학년 1학기까지도 최소의 기본적인 학습을 하는 것 외엔 실컷 놀았다. 1학기가 끝나갈 즈음 예솔이는 "이제 공부할래요." 하면서 대신 숙제는 없으면 좋겠다고 했다. 그리고 여름방학이 되자 숙제도 하겠다고 했다.

실컷 놀고 나니 이제 자신의 미래를 생각하는 단계에 이른 것이다. 학원은 예솔이가 지난 8개월간 못했던 공부를 두 달이 채 안 되는 방학 동안에 다 보충할 수 있도록 하루 8시간으로 영어와 수학 학습 플래너를 촘촘하게 작성했다. 그리고 이를 실천할 수 있도록 여러 가지 영상 자료를 활용한 진로 교육을 통해 동기를 부여했다.

다행히 예솔이는 하루도 어김없이 플래너 학습을 해냈다. 2학기가 되어 중간고사를 봤고 영어 수학 모두 90점을 넘었다. 차츰 심화학습과 선행학습을 시작했는데 그 어렵고 힘든 과정들을 잘 이겨 냈다. 그러고는 고등학생이 되어 줄곧 내신 1등급을 유지했다. 중학교 때 8개월 정도 실컷 놀아 본 것이 에너지와 활력이 되어 향후 4년 반의 힘든 한국 입시 공부의 과정을 잘 이겨 낼 수 있었던 것이다. 이러한 성과는 물론 빈틈없고 빡빡한 학습 플래너를 성실히 따라와 준 예솔이의 의지와 노력의 결과다. 또한 예솔이가 안 하는 것보단 나을 정도의 적은 학습을 하고 실컷 노는 동안에도 믿고 기다려 준 예솔이 부모의 덕분이기도 하다.

05

언제나 이유가 있는 아이

초4 여학생 소연이는 언제나 이유가 있다. 틀린 문제는 원래 아는데 잘못 봐서 틀린 것이다. 또는 실수해서 틀린 것이다. 문장이 긴 문제는 문장이 길어서 틀린 것이다. 선생님과의 대화 끝에는 늘 지지 않으려고 애쓴다. 질문을 하면 "왜 갑자기 질문하세요?" 하고 쏘아붙인다. "소연이는 아는 게 많아서 나중에 선생님을 하면 좋겠구나." 하고 말해 주면 "그건 제 장래희망이 아닌데요." 하고 쏘아붙인다. 소연이는 나를 비롯한 학원 선생님들에게 인사를 하지 않는다. 선생님을 못 봐서 인사를 못했다거나 선생님이 바쁜 것 같아서 인사를 안 했다고 한다. 또는 어디 가야 해서 인사하는 걸 깜빡했다고 한다.

나는 소연이의 일련의 행동이 인정욕구에서 비롯된 것이라고 판단했다. 자신의 부족한 부분을 상황 탓으로 돌려 자신이 완벽하다는 것을 인정받고 싶은 것이다. 법정 스님이 말했다. 다른 건 다 포기해도 인정의 욕구만은 포기할 수 없다고. 학원은 우선 소연이를 인정해 주기로 했다. 선생님들은 "다 아는데 실수한 거구나." 하면서 소연이 편이 돼 주었다. 나는 "소연이는 원래 인사를 잘하지." 하면서 인사를 하도록 유도했다. 소연이는 처음 며칠은 시큰둥해 했다.

　나는 젊었을 때부터 절 운동을 하고 있다. 몸을 숙여 바닥에 엎드리면 세상에 대해 겸손해지고 무지를 인정하는 용기도 생긴다. 나는 원장실 입구에 원을 그렸다. 그리고 소연이를 불러 원에 서서 배꼽인사를 하는 모습을 보여 주었다. 그다음 날도 소연이가 오길래 내가 먼저 배꼽인사를 했다. 그 후로 소연이는 학원을 오가면서 원에 서서 배꼽인사를 했다. 인사를 할 때마다 폭풍 칭찬을 해 주었다. 어느덧 학습 태도도 변하기 시작했다. 모르는 건 모른다고 하고 가르쳐 달라고 했다. 소연이는 얼마 안 가 모든 선생님들에게 귀여움을 받는 아이가 되었다. 신기할 정도로 성적도 급성장해 중학교 내내 상위권을 유지했다. 아이들은 선생님이 자기에게 진심인지, 자기에게 헌신하는지 다 안다.

06
몸이 말을 안 듣는 아이

초5 남학생 성수는 영어 수업 시간이면 늘 영어 선생님에게 이끌려 원장실로 온다. 몸이 처지고 졸려서 분위기가 살짝 엄중한 원장실에서 영어 과제를 해야 하는 것이다. 성수는 내게 말한다. "제가 마음은 있는데 몸이 말을 안 들어요." 몸을 가누기가 힘들 뿐만 아니라 비염이 있어 연신 훌쩍거린다. 화장실에서 코를 풀고 와도 마찬가지다. 비염 때문에 병원에 다닌다고 한다. 비염이 있으면 호흡을 통해 마시는 산소량이 부족해 머리가 멍하고 몸이 처진다. 사실 나도 비염으로 고생한 적이 있는데 호흡과 명상으로 건강을 되찾았다. 우리 몸은 전체가 하나의 기운이다. 몸 전체에 기운이 잘 돌면 호흡기도 건강해지고 머리도 맑아진다.

사실 머리가 좋다는 것도 기혈 순환이 잘 될 때 좋은 것이다. 따라서 공부를 하기 전에 운동을 통해 몸에 기운이 잘 돌게 하여 머리를 맑게 하는 것이 먼저다. 머리가 멍한 상태로 2시간을 공부하는 것보

돈 되는 공부가 진짜 공부다

다 맑은 상태로 1시간을 공부하는 것이 훨씬 결과가 좋다. 하지만 우리나라 부모들은 아이가 책상에 앉아 있지 않으면 불안해서 못 견딘다. 따라서 대부분의 아이들은 학교와 학원에서 장시간 책상에 앉아 있을 수밖에 없다. 그 결과 학교에서는 집중을 잘하지 못하고 학원에서는 피곤하고 졸린 상태로 공부하고 집에서는 숙제하느라 늦게 자는 악순환을 반복한다.

반면 서구 선진국 아이들은 대부분 방과 후에 예체능, 사회 활동 또는 가족 행사에 참여한다. 이러한 활동을 통해 얻은 에너지가 학교 수업에 적극적으로 참여할 수 있는 활력을 주는 것이다. 사실 공부는 내용이 몸통이고 시간은 꼬리다. 공부의 본질은 제대로 공부했느냐이지 몇 시간을 앉아 있었느냐는 아닌 것이다.

성수에게는 쉽게 실천할 수 있는 것부터 가르쳤다. 우선 자세를 바르게 하도록 했다. 걸을 때도 곧게 서서 걷고 공부할 때도 허리를 펴고 곧은 자세를 유지하도록 했다. 몇 가지 스트레칭 동작을 호흡에 맞춰서 하도록 가르쳤다. 그리고 숙제를 내주지 않는 대신 하루 1시간씩 운동을 하도록 했다. 만약 운동을 하지 않으면 숙제를 내주겠다고 했다. 성수는 매일 줄넘기와 달리기 그리고 내가 가르쳐 준 스트레칭을 호흡에 맞춰 했다. 그렇게 단 3주 만에 변화가 찾아왔다. 성수의 얼굴에 생기가 돌았고 걸음걸이도 씩씩해졌다. 수업 시간에 집중도 잘했고 원장실로 이끌려 오는 일도 없어졌다. 성수는 중학생이 된 지금도 꾸준한 운동을 통해 곧은 자세와 집중을 유지하고 성적도

상위권을 유지하고 있다.

　모든 일에는 순서가 있다. 공부를 하게 하는 것보다 공부할 수 있는 몸과 마음 그리고 환경을 만들어 주는 게 먼저다.

07
곁가지 학원

우리 학원은 대형 학원이 밀집해 있는 사교육 중심가를 살짝 벗어난 곳에 있다. 말하자면 동네 학원이다. 어느 날 중심가의 T학원에 다니는 초6 남학생 준호와 엄마가 찾아왔다. 준호는 영어유치원에 다녔고 원어민 수업을 하는 사립초등학교에 다닌다. 준호는 끌려온 듯한 표정이다. T학원의 영어 교재가 한 보따리다. T학원에서 반 편성 시험을 봤는데 문법과 우리말 해석이 부족해 부족한 부분을 보충하러 우리 학원에 온 것이다.

이들에게 동네 학원은 곁가지 학원이다. 잘 가르쳐도 결국 T학원 덕이다. 잘 가르쳐 놓으면 "이제 됐다." 하고 그만두고 적당히 가르치면 "안 되겠네." 하고 그만둔다. 뜨내기손님에게 정성을 다하는 장사꾼은 없다. 그저 뜬구름 같은 엄마의 교육 허영심만 만족시키면 되는 일이다.

준호는 모르는 것도 다 안다고 한다. 배우기 귀찮으니까. 이런 경우 대부분의 학원은 두꺼운 문법 교재와 독해 교재를 주고 문제를 많이 풀게 한다. 어차피 배우고자 하는 마음이 없으니 채점만 하고 틀린 문제는 별표를 친다. 그래야 설명해 준 것처럼 보이니까. 눈에 보이는 물리적 학습량이 많으니 엄마도 만족하고 아이도 만족한다.

준호의 경우 모든 게 엄마의 착각이다. 문법과 해석만 부족한 것이 아니라 국어, 즉 우리말 자체가 부족한 것이다. 영어 단어에 해당하는 우리말 자체를 모른다. 예를 들어, 'wisdom'은 우리말로 '지혜'라고 외웠지만 준호에게 '지혜'는 여자 이름이다. 대부분의 어휘가 이런 식이다. 우리말이 느린 아이가 영어유치원에 다녔고 원어민 수업을 하는 사립초등학교와 원서로만 수업하는 영어 학원에 다녀서 모든게 뜬구름이 되어 버린 것이다.

이게 유명한 대형 학원의 본 모습이다. 큰돈 들여 건물을 사고 강사를 채용하고 강의를 개설했으니 학생을 모아야 한다. 따라서 소수의 공부 잘하는 학생들을 전면에 내세워 다수의 학생들을 모아야 학원이 유지되는 것이다. 따라서 학생 한 명 한 명의 실력과 역량을 다 챙기면서 갈 수가 없고 소수의 잘하는 학생들 위주로 수업이 진행되기 때문에 다수의 들러리 학생들은 돈만 갖다 바치는 셈이 되는 것이다.

나는 준호와 협상을 했다. 모르는 건 모른다고 말하고 하나라도 제대로 배우면 수업을 일찍 끝내 주겠다고 했다. 그러고는 기초부터 공부하게 했다. 준호의 태도가 변했다. 다 안다고 버팅겼던 아이가 모른

　　　　　　　　　돈 되는 공부가 진짜 공부다

다고 말하고 설명을 듣고 '네!' 하고 대답하며 고분고분해진 것이다. 몇 개월 후 준호는 기초적인 문법과 어휘를 조금씩 이해하게 되었다. 예상대로 준호 엄마는 이제 됐다 싶어 우리 학원을 그만두고 대형 학원의 강의로 그 시간을 채웠다. 준호의 뜬구름 영어가 다시 시작된 것이다.

08

시간만 중요한 엄마

초4 남학생 정호는 수업 끝나기 20분 전부터 안절부절못하면서 시계만 본다. 1분만 늦게 끝나도 억울해서 못 산다. 어느 날은 열심히 하면 일찍 끝내 주겠다고 했더니 정말 열심히 해서 5분 일찍 끝내 주었다. 얼마 후 엄마한테서 전화가 왔다. 왜 일찍 끝났는지 이유를 물으며 5분 일찍 끝난 걸 아깝게 여겼다. 그 엄마의 그 아이였다. 이들에게는 오로지 시간만 중요했다. 5분이라도 늦게 끝나면 아이가 억울해 못 살고, 5분이라도 일찍 끝나면 엄마가 억울해한다. 본질이 사라지면 형식만 남는다. 정호를 가르치는 선생님은 온통 시간만 신경 쓰게 되었다. 내용을 알차게 가르쳐야 한다는 생각은 머리에서 지워졌다.

결국 아이는 실력이 늘지 않았고 학원을 옮겼다. 몇 개월 후 옮긴 학원에서도 똑같은 문제로 또 옮기게 되었다는 소식을 들었다. 몇 년 지나 정호는 수도권에 있는 한 대학에 들어갔다. 입시에 관심이 있지 않으면 거의 들어 보지 못하는 대학이다. 그 난리를 떨고 들어 간 대학이다. 부모 입장에서는 어렵게 들어간 대학이지만 고용주의 입장에서 보면 그 대학의 졸업장은 공부 꽤나 못했음을 말해 주는 확 인증 정도로 여겨진다.

정호는 꽤 똘똘하고 민첩한 아이였다. 제대로 지도했다면 훨씬 나 은 입시 결과를 냈을 거라고 나는 확신한다. 어떤 사람은 적은 시간 을 일하고 많은 돈을 번다. 또 어떤 사람은 밤낮으로 일하지만 버는 돈은 적다. 공부도 마찬가지다. 집중해서 공부하고 성과를 내면 된 다. 결과가 말하고 돈이 말한다.

09
급할수록 기초부터

중2 남학생 우진이는 느리지만 진득하다. 시간이 오래 걸리더라도 뭐든 꾸준히 할 수 있는 학생이라는 판단이 들었다. 우진이는 지금까지 영어 공부를 거의 안 했고 시험 점수가 20~30점대였다. 공부를 왜 안 했냐고 묻자 공부를 안 해도 된다고 생각했다고 한다. '공부를 열심히 하면 뭐라도 더 낫지 않을까?' 하고 묻자 뭐가 더 나은지 모르겠다고 한다. 공부를 열심히 하면 뭐가 더 나은지 모르겠다는 말은 거짓말이다. 아무리 어린아이라도 공부를 열심히 하면 뭔가 낫다는 것은 다 안다. 만약 공부를 열심히 하는 것이 낫다는 것을 안다고 인정하면 그때부터 열심히 해야 하기 때문에 모르는 척하는 것이다.

나는 우진이의 마음부터 뜯어고쳐야겠다고 생각했다. 내가 준비한 여러 가지 동영상을 같이 보면서 대화를 시작했다. 우진이의 마음이 움직이기 시작했다. 우선 자신감을 갖게 하기 위해 1학기 기말고사 준비를 했다. 중학교 시험은 설사 기초가 부족해도 시험 범위가 많지 않기 때문에 꼼꼼하게 다 외우고 기출문제를 많이 풀면 50~60점은 나온다. 우진이가 기말고사를 본 결과 50점대의 점수를 얻었고 약간의 자신감도 갖게 되었다. 사실 중학 내신에서 탄탄한 기초 없이 벼락치기로 이룬 성취는 성취 후 다시 바닥으로 내려온다. 기초가 없는 학생이 시험을 잘 보고 못 보고는 시험을 보고 나서 까먹느냐 시험을 보기 전에 까먹느냐의 차이일 뿐이기 때문이다. 그래서 나는 우진이의 부모와 상담한 후 중학 내신과 상관없이 기초부터 가르치기로 했다.

우진이에게 'Thank you. You are welcome.'을 해석해 보라고 하자 '고마워, 환영해.'라고 한다. You are welcome의 우리말 뜻이 '천만에'라고 알려 주자 '천만해'라고 적는다. '천만해'가 무슨 뜻이냐고 묻자 모른다고 한다. 우진이뿐만 아니라 많은 아이들이 우리말도 모르면서 영어 공부를 한다. 게다가 우리말로 된 책도 잘 안 읽는다. 따라서 앵무새처럼 영어 단어를 외우고 영어 문장을 해석하지만 정확한 의미는 모른다. 그리고 고등학생이 되어 영어뿐만 아니라 국어도 한계에 부딪힌다.

우진이는 우리말의 정확한 뜻도 배워 가며 하루 5시간 이상을 공부했고 중2 겨울방학이 끝날 즈음에 중1 과정을 다 마쳤다. 그리고 중3 겨울방학까지는 중학 과정을 모두 마쳤다. 우진이의 부모가 우진이의 중학 내신에 집착하지 않았고, 그래서 우진이가 기초부터 차분히 공부할 수 있었기 때문에 가능한 일이었다. 사실 특목고를 가는 경우를 제외하고는 중학교 성적표는 아무짝에 쓸모가 없다. 중학 내신으로 대학을 가는 것도 아니고 나중에 결혼 상대가 중학교 성적표를 보자는 것도 아니기 때문이다. 우진이는 고등학교 내내 쉬지 않고 꾸준히 공부했고 결국 원하는 대학에 합격했다. 꾸준함은 모든 것을 이긴다.

10

이중자음만 못하는 아이

초4 여학생 세린이의 엄마는 어느 영어 학원의 선생님이다. 세린이
의 영어를 집에서 직접 가르쳤는데 답답해서 매일 싸움만 했다고 한
다. 그래서 우리 학원에 데리고 왔다. 나는 생각했다. '이렇게 귀엽고
깜찍한 아이라면 보고만 있어도 행복할 텐데 싸울 일이 뭐가 있을
까?' 세린이는 많이 느리고 배우자마자 대부분 까먹었다. 엄마는 수
시로 학원에 와서 "세린이는 이중자음만 못해요. 이중자음만 되면 잘
할 거예요." 하면서 이중자음을 해결해 달라고 재촉했다.

이중자음만 안 되는 영어는 없다. 그냥 영어를 인지하는 속도가 느
릴 뿐이다. 아이들이 성장하는 속도가 다 다르고, 지능이 발달하는 속
도도 다 다르기 때문에 어떤 아이는 6살에 영어를 시작하면 딱 맞고
어떤 아이에게 6살은 아직은 영어보다는 모국어를 배우며 세상을 알
아 가는 시기일 수 있다. 또한 어떤 아이는 16살에 고1 공부를 하면 딱
맞고 어떤 아이는 18살에 하는 게 딱 맞다.

일례로 나는 내 딸의 생일이 빨라 초등학교를 7살 때 보냈는데 중학생이 되어 잘 따라가지 못하는 것 같아서 중학교 졸업 후 미국으로 교환학생을 다녀오게 해서 고등학교를 1년을 늦춰 보냈다. 세린이의 엄마가 영어 강사이고 세린이를 직접 가르쳐 봤는데도 이중자음만 되면 다 된다고 하는 건 막상 부모가 되면 자기 아이에 대해서는 객관성을 잃기 때문이다. 좀 기다려 주고 길게 보고 가면 되는 일이다.

하지만 세린이 엄마는 급했다. 빨리 이중자음을 해결해야 했다. 세린이는 2개월 만에 학원을 옮겼고 옮긴 학원에서도 이중자음을 극복하지 못했다. 그리고 6개월 만에 다시 우리 학원에 왔다. 세린이 엄마는 이중자음에 집착하지 않을 테니 학원에서 알아서 가르쳐 달라고 했다. 우리가 우리말을 배울 때 자음을 다 배우고 모음을 배우는가? 그냥 엄마 아빠의 말을 듣다 보면 귀가 열리고 말이 트이는 것이다.

학원은 세린이에게 그냥 재미있게 부담 없이 스토리북을 듣게 했다. 세린이는 차츰 영어에 흥미를 가지기 시작했고 3개월 후엔 이중자음뿐만 아니라 스토리북 자체를 술술 읽게 되었다. 엄마만 쓸데없는 집착을 버리고 기다려 주면 아이는 언젠간 타고난 만큼은 다 한다. 기대는 욕심이고 기다림은 사랑이다.

돈 되는 공부가 진짜 공부다

11
야간대학에 다니는 엄마

초4 여학생 영채의 엄마는 한동안 바빴다. 그리고 야간대학에 합격했다. 서울과학기술대학 안전공학과. 학업을 마치고 자격증을 따면 수입이 꽤 괜찮다고 한다. 영채 엄마는 영채를 우리 학원에 보내는 것 외엔 영채의 공부에 거의 관여하지 않았다. 자녀교육에 성공한 대부분의 부모들이 공통적으로 하는 말은 세 끼 밥 챙겨 주기와 기도 외엔 한 일이 없다는 것이다. 영채는 엄마가 공부하는 모습을 보면서 자랐다. 영채도 엄마처럼 혼자 공부했고 학원에서는 주로 질문을 해결하고 진로를 상담했다. 그리고 고려대를 갔다.

부모를 따라 하는 게 아이의 속성이다. 부모가 "공부해라!" 해 놓고 TV를 보면, 아이는 "네." 하고 스마트폰을 본다. 부모가 가르치려 들면 아이 마음속에는 저항만 싹튼다. 누구에게나 간섭은 짜증 나기 때문이다. 게다가 분수, 소수까지는 간섭할 수 있겠지만 도형, 함수, 미적분, 기하는 어차피 혼자 해내야 되기 때문이다. 반면 부모가 늘 공부하고 어려움을 극복하며 멋진 인생을 살아가면 아이도 언젠간 그런 인생을 살게 된다. 아이는 부모의 등을 보고 자란다. 무소의 뿔처럼 당당하게 자신의 길을 가는 부모의 모습이 아이에게는 거울인 것이다.

12
헬리콥터 아빠

밝고 명랑하고 말이 많은 나영이는 초3 여학생이다. 나영이 아빠는 취미가 없다. 단 하나 있다면 칼퇴근해서 나영이의 공부를 확인하는 일이다. 그날 뭘 배웠는지를 일일이 확인하고 모르면 야단을 치거나 벌을 세운다. 그리고 학원에 전화를 해서 이 부분을 모르니 앞으로 신경 써 달라고 부탁한다.

어느 날 아빠는 전화로 요즘 나영이의 학습 태도가 어떠냐고 물었다. 나는 있는 그대로 대답해 주었다. 집중을 잘 못하고, 마음이 붕 떠 있다고. 글을 건성으로 읽고, 문제는 그냥 찍고, 숙제는 시늉만 낸다고. 자꾸 까먹어서 반복을 해야 하고, 할 수 있는데 안 한다고. 그랬더니 아빠는 자기가 더 엄하게 다스릴 테니 학원에서도 나영이를 엄하게 지도해 달라고 했다. 나는 속으로 말했다. '그냥 예뻐해 주고 사랑해 주면 안 되나요?' 그리고 난 말했다. "아, 네~." 그리고 아빠는 내일 진단평가가 있으니 대비를 잘해 주셔서 좋은 성적을 받아서 자신감이 생길 수 있도록 해 달라고 했다.

한번은 나영이의 엄마가 찾아와서 아빠에 대한 하소연을 했다. 원장인 나는 그저 들어줄 뿐 남의 가정사에 끼어들 수는 없는 일이었다. 몇 년 후 나영이가 사춘기가 돼서 아빠 앞에서 자기주장도 하고 당당해지길 바랄 뿐이었다.

몇 년 후 드디어 때가 왔다. 중학생이 된 나영이는 이제 아빠의 말을 무시하기 시작했다. 나영이는 연예인과 춤에 빠졌고 학교 치어리더 동아리에 가입했다. 공부는 뒷전이었고 동아리 활동을 하고 놀기에 바빴다. 부모의 사랑을 받고 자란 아이는 사춘기 때 잠시 방황을 하더라도 자기 본성을 찾아 다시 공부에 집중한다. 하지만 나영이는 아빠에 대한 저항이 너무 커서 다시 공부로 돌아갈 마음이 전혀 없었다. 우린 본능적으로 명령이나 간섭을 싫어한다. 뭘 하려다가도 누가 간섭하면 갑자기 하기 싫고 '내가 하나 봐라!' 하고 심술을 부리며 일부러 안 하게 된다. 나영이의 아빠도 어릴 적에 책상에 앉았는데 '공부해라.'라는 엄마의 말에 '에이 안 해!' 하고 책을 덮어 본 적이 있을 것이다.

중학교 3년 내내 놀고 방황한 나영이는 고등학생이 되어 수학은 포기하고 영어라도 하겠다고 우리 학원에 다시 왔다. 영어는 초등학생 때 꽤 잘했었기 때문에 3년 내내 손을 놓았는데도 중1 정도의 실력은 유지하고 있었다. 또한 3년을 신나게 논 덕분에 몸에 에너지가 살아 있었다.

돈 되는 공부가 진짜 공부다

나는 덕성여대, 서경대, 한성대, 삼육대, 상명대 등 수학 미반영이 가능한 대학들을 나열하고 한번 도전해 보자고 제안했다. 나영이는 희망에 부풀었고 국어, 영어, 탐구 세 과목에 모든 시간을 투자했다. 나영이의 아빠 또한 다시 희망을 찾았지만 나영이 앞에서는 공부에 관한 얘기는 한마디도 꺼내지 않았다. 3년 후 나영이는 한 인서울 대학의 지방 캠퍼스에 합격했다.

13

특별하게 키운 아이

초6 남학생 지성이는 사립초에 다닌다. 어릴 때부터 똑똑해서 부모는 지성이를 특별하게 키우고 싶었다. 그래서 사립초에 보냈고 악기도 특별하게 첼로를 가르쳤다. 영어도 특별히 개인 과외를 했다. 중학교 입학이 다가오자 엄마는 지성이를 데리고 우리 학원에 왔고 지성이의 영어 실력이 어느 정도인지 궁금해했다. 지성이가 공부하던 교재는 중학교 2~3학년 수준의 상위 교재였다.

그런데 테스트 결과는 나의 예상대로였다. 지성이는 읽기도 잘했고 발음도 좋았다. 하지만 그게 무슨 말인지는 거의 몰랐다. 우리말로도 전혀 연결되지 않았다. 명사가 영어로 noun이라는 것은 안다. 하지만 명사가 뭔지는 모른다. 지성이에게 think(생각하다)는 움직이지 않고 생각만 하는 것이니 '동사'가 아니라 '명사'다. 문제를 풀기는 했지만 대충 감으로 찍어 맞힌 것이었다. 똑똑하고 눈치는 있어서 문제는 늘 4개 중 2~3개는 맞추었고 그것으로 됐다고 생각하며 진도를

돈 되는 공부가 진짜 공부다

빼 온 것이다. 우리 학원의 또래보다 못한 상황이었다.

　이런 경우 기초부터 다시 시작하면 더 빠를 수 있다. 하지만 그렇게 말하면 부모는 기절할 것이다. 그래서 클리닉 수업을 하자고 제안했다. 지성이가 지금까지 공부한 모든 듣기와 리딩 교재를 활용해 우리말로 연결하는 공부를 하고 문법은 기초부터 다시 하자고 제안한 것이다. 다행히 지성이의 부모는 우리 학원에 대한 전적인 신뢰를 가지고 온 터라 흔쾌히 동의했다.

　클리닉 수업을 받은 지 반년쯤 되었을 때 지성이의 영어 실력이 균형을 찾았다. 그리고 중학교 1학년 2학기 첫 시험을 보게 되었다. 지성이는 같은 사립초를 나온 친구들과 학원의 자습실에서 서로 의지해 가며 늦게까지 공부했다. 그리고 지성이와 친구들 모두 영어, 수학, 과학 세 과목 만점을 받았다. 친구들의 선의의 경쟁은 열이 올랐다. 학원 자습실은 지성이와 친구들로 인해 늘 10시까지 불을 밝혔다. 몇 년 후 지성이와 친구들은 SKY 대학을 비롯한 최상위 대학에 합격했다.

　물론 최상위 대학이 인생을 보장하는 건 아니다. 하지만 최상위 대학을 간 아이들 대부분은 학생 때 공부에 쏟았던 열정과 애착을 자신의 삶에도 쏟는다. 결국 이들은 사회의 리더로 성장해 세상을 보다 나은 곳으로 만드는 데 한몫할 것이다. 아니면 최소한 남들보다 잘 살기라도 할 것이다.

14

옷 수선사업이 딱인데

중1 여학생 은아는 착하고 순수하고 성실하다. 글씨도 또박또박 쓰고 과제를 주면 한눈팔지 않고 내내 앉아 있다. 성실해서 손은 부지런히 움직이지만 생각은 잘 나지 않는다. 행동이 어설프고 말이 어눌해서 듣는 사람이 넘겨짚어야 한다. 영어 듣기와 쓰기는 성실하게 반복하고 또 반복해 어느 정도 따라간다. 하지만 문법은 잘 이해를 못 한다. 수학에서도 이해가 부족해 응용문제 앞에서는 앉아서 그냥 끙끙 앓는다.

어느 날 은아의 엄마가 찾아와 수학 숙제를 늘려 달라고 부탁했고, 학원은 엄마의 요구대로 숙제를 조금 늘려 주었다. 그런데 그날부터 숙제를 생각 없이 대충해서 채점을 하면 대부분 틀렸다. 숙제를 늘리기 전에는 기초 개념 문제 정도는 풀어 왔지만 숙제의 양이 늘어나니 엄두가 나지 않아 나름의 반항을 한 것이다. 나는 은아가 미싱을 배우면 딱 좋겠다고 생각했다. 성실하게 미싱 일에 집중하는 건 누구보다 잘하겠다는 판단이 들었다. 우리 동네에 한 할머니가 운영하는 나의 단골 옷 수선집이 있는데 매일 주문이 밀려 있다. 바지나 치마 허리 사이즈를 줄이는 데 1만 5,000원, 바지 밑단 줄이는데 4,000원이다. 조금 큰 작업은 훨씬 비싸다. 어림짐작해서 하루에 20~30만 원은 버는 것 같다.

은아는 스마트폰 게임에 푹 빠져 있다. 학원 오고 숙제하는 시간 외엔 스마트폰에 코를 박고 산다. 이런 은아에게 미싱 하나 사 주고 취미 삼아 이것저것 만들어 보라고 하면 스마트폰보다 더 푹 빠져서 눈빛이 살아날 수도 있다. 그리고 성인이 되어 옷 수선에 베테랑인 노인들을 모아 사회적 기업 방식으로 사업을 하면 정말 괜찮겠다고 생각했다. 환경문제가 심각해질수록 의류도 수선하고 재활용하는 수요가 늘어날 것이다. 전통적인 직장과 직업의 개념을 버리고 발칙한 돌연변이 잡종으로 거듭나면 창업의 길은 얼마든지 있다.

은아의 엄마가 수학에 집착하는 이유는 모자란 아이지만 4년제 대학이라도 나와서 무시당하지 않고 살게 해 주고 싶은 마음에서일 것이다. 하지만 10년만 미래로 가서 보면 은아에게는 대학이 문제가 아니라 돈벌이가 문제다. 현실적으로 은아가 갈 수 있는 대학은 돈벌이에 별 도움이 안 되는 대학일 가능성이 크기 때문이다.

틀을 벗어나 생각하면 살길은 얼마든지 있다. 예를 들어, 고용노동부 산하 국책대학인 폴리텍대학의 패션디자인과를 가는 것이다. 학위과정이 아닌 직업훈련과정은 입시와 상관없이 마음만 먹으면 갈 수 있다. 열심히 배우면 양장기능사 자격증도 딸 수 있다. 엄마가 바라는 대학이라는 겉모양에 대한 만족도 줄 수 있고 은아로서는 실질적으로 먹고살 수 있는 능력을 키울 수 있는 길이다. 10년만 미래로 가서 지금을 바라보면 수학 좀 못한다고 애태울 일이 없다. 그저 건강하게 학교 잘 다니고 졸업하면 된다.

이런 나의 생각을 은아의 엄마에게 해 주고 싶었지만 참았다. 언젠가 내게 찾아와 "어떡하면 좋아요?" 하면 그때 얘기해 주면 된다. 엄마는 엄마대로 돈 쓰고 마음고생도 할 만큼 하고, 은아는 은아대로 이미 파김치가 되어 모든 의욕을 다 잃었을 때 비로소 깨닫고 내 말을 들을 것이다. 은아의 엄마는 은아가 숙제를 안 하는 모습을 보다 못해 수학 학원을 옮겼다. 2년 후 고등학생이 된 은아는 영어는 8등급, 국어와 수학은 9등급을 받았다. 은아는 시험 때마다 학원을 옮겨 다녔지만 3년 내내 비슷한 등급을 유지했다. 그리고 지방의 한 대학을 한 학기 다니고 자퇴했다.

돈 되는 공부가 진짜 공부다

15
한 과목만 성적이 좋은 아이

중2 여학생 유리는 우리 학원에서 영어와 수학을 같이 공부했다. 중간고사를 봤는데 영어는 90점대 수학은 80점대의 점수를 받았다. 유리는 곧바로 수학 학원을 옮겼다. 옮긴 수학 학원은 기말고사 두 달 전부터 비상사태에 돌입했다. 엄청난 양의 기출문제를 내주어 밤늦게까지 풀고 또 풀게 했다. 그 바람에 영어는 거의 손을 대지 못했다. 결과는 뻔했다. 수학은 90점대 영어는 훨씬 못한 점수가 나왔다. 유리는 이번엔 영어 학원도 옮겼다. 2학기 중간고사 두 달 전이다. 유리는 영어 학원 과제에 치여 수학 학원 과제를 거의 못했다. 결과는 또한 뻔했다. 영어는 90점대 수학은 훨씬 못한 점수였다.

두 학원은 유리의 시간을 놓고 엎치락뒤치락 경쟁했고 유리는 두 학원의 과제에 치여 늘 잠이 부족했다. 이게 무슨 공부인가. 이러한 방식으로는 고등학교 공부를 해낼 수가 없다. 고등학교 때는 중학교 때보다 학습량이 4~5배나 많아지지만 하루는 똑같이 24시간이기 때문이다. 유리와 같은 방식으로 고등학교 공부를 해내려면 하루가 96시간 이상이어야 한다.

유리에게 있어 문제는 메타인지가 부족하다는 것이다. 메타인지란 내가 제대로 공부를 하고 있는지를 위에서 내려다보는 또 하나의 나이다. 공부를 잘하는 학생들은 메타인지가 발달해 있어서 올바르고 균형 잡힌 공부 스타일을 주도적으로 찾아간다. 하지만 유리는 이 학원 저 학원에서 시키는 대로만 한다. 유리의 시간을 선점하는 학원이 유리하다. 여러 과목을 공부하며 시간 배분의 오류를 반복하는 과정에서 스스로 에너지를 적절하게 분배하는 능력을 키울 여유가 없다.

3년 후 고2가 된 유리는 성적이 중간 정도라고 했다. 그런데 유리는 키가 중학교 때 그대로였다. 그 키가 타고난 키일 수도 있지만 내 생각은 다르다. 유리가 전과 같은 방식으로 계속 공부를 해 왔다면 잠이 절대적으로 부족했을 것이고 따라서 키 크는 데 지장이 있었을 것이다. 게다가 유리의 부모는 키가 작지 않다. 우리 동네 수락산 계곡에 살았던 천상병 시인은 군사정권 시절 가혹한 고문의 후유증으로 평생 몸의 고통을 안고 살았다. 우리 어른들이 유리에게 평생 안고 갈 상처를 주는 것은 아닐까? 2년 후 유리는 수도권의 2년제 대학에 들어갔다.

돈 되는 공부가 진짜 공부다

16

요리사 꿈을 접고 공부를 시작한 아이

고1 남학생 호진이는 요리사가 되는 게 꿈이었다. 요리만 잘하면 된다는 생각에 그간 공부를 거의 하지 않았다. 물론 학원은 열심히 다녔다. 하지만 거의 왔다 갔다만 했다. 어느 날 호진이는 호텔 알바를 하면서 요리사들을 지켜보았다. 그런데 그만한 허드렛일이 없었다. TV에서 보던 요리사들은 멋있기만 했는데 막상 보니 전혀 멋있지 않았다. 그래서 요리사 꿈을 접고 이제 공부해야겠다는 생각으로 우리 학원에 찾아왔다. 호진이의 실력은 완전히 바닥이었다. 하지만 희망은 보였다. 요즘 고등학생들이 집단 무기력증에 빠져 있는 반면 호진이는 대학에 가고 싶은 욕망이 강했기 때문이다.

요즘 고등학생들이 집단 무기력증에 빠진 이유는 Medical(의대, 치대, 한의대) 외엔 나와도 인생이 바뀌지 않는다는 현실 때문이다. Medical은 전교 1, 2등 정도만 도전할 수 있고 다시 태어나기 전엔 아무리 해도 안 되기 때문이다. 그렇다고 안 하면 불안하니 학교와 학원은 간다. 공부를 하는 것도 아니고 안 하는 것도 아닌 어중간하고 어정쩡한 상태에 머물러 있는 것이다. 그런데 호진이는 달랐다. 몸이 살아 있고 집중을 잘했다. 몸이 살아 있는데 요리사에 매력을 느끼지 못하면 제복이 멋있는 군 장교에게는 매력을 느낄 수 있다는 판단이 들었다.

나는 호진이에게 나의 군 장교 시절 사진을 보여 주었다. 내 예상대로 호진이는 자기도 장교가 되고 싶다고 했다. 자 이제 공부가 문제였다. 장교가 되려면 사관학교에 가야 하고 사관학교에 가려면 최상위 등급을 받아야 한다. 고1이 되도록 공부를 거의 하지 않은 호진이에게 사관학교는 넘사벽이다.

그런데 장교가 되는 길은 또 있다. 전문대학을 나와 육군3사관학교를 가면 2년간의 교육을 거쳐 장교로 임관하고 4년제 대학 학위가 주어진다. 물론 정규 사관학교 출신보다 진급도 느리고 보이지 않는 차별이 있을 수도 있다. 하지만 인생에서 꼭 정규 코스만이 다는 아니다. 자기 하기 나름이다. 차선이 최선이기도 하다. 둘러 온 길이 지나고 보면 더 나은 길일 수도 있는 것이다. 게다가 내 생각엔 저출산으로 인해 숙련된 장교의 수가 부족해질 테니 3사 출신 장교에 대한 처우가 나아질 것은 분명하다.

호진이의 부모는 나와 상담 후 "제발 그렇게만 된다면" 하면서 흔쾌히 받아들였고 호진이는 수도권의 전문대를 목표로 공부에 집중했다. 2년여 후 전문대에 들어간 호진이는 3사관학교에 가겠다는 생각

돈 되는 공부가 진짜 공부다

하나로 고등학교 때만큼이나 열심히 공부를 했고 좋은 학점을 유지
했다. 육군3사관학교에 입학한 호진이는 2년 후 멋진 제복을 입고 장
교 선배인 나에게 인사하러 우리 학원에 왔다.

17
횟집 아들

중1 남학생 승호는 키도 크고 덩치도 크다. 하지만 책 앞에선 맥을 못춘다. 부모가 횟집을 하는데 손님이 꾸준하다. 승호의 부모는 승호가 공부해서 고생 안 하고 살길 바란다. 횟집을 하는 건 고생일 수 있다. 하지만 승호에게는 공부가 더 고생이다. 게다가 공부로는 답이 보이질 않는다.

내 어릴 적 친구는 아버지가 정육점을 하셨다. 몸집과 팔뚝이 칼질을 하기에 딱 좋은 분이셨다. 내 친구도 체구가 비슷했는데 그림을 잘 그렸다. 당시에 미대는 실기로만 학생을 선발했다. 친구는 그림 그리는 실력으로 홍익대 산업디자인학과를 갔다. 졸업 후 칼 만드는 회사에서 칼을 디자인했고 지금은 미술 학원을 운영하고 있다.

사람은 생긴 대로 산다. 승호는 내 친구와 체격이 비슷했다. 나는 승호가 고등학교 때 일식과 복어요리를 배우고 졸업 후 부모님 일을 도우면서 식당 일을 배우면 딱 좋겠다는 판단이 들었다. 장사로 서민

돈 되는 공부가 진짜 공부다

갑부가 될지도 모르는 아이가 인생 최고의 찬란한 순간들을 머리에 들어오지도 않는 책 앞에서 맥없이 보내야 하는 게 안타까웠다. 그래서 나는 승호의 부모에게 승호에게 맞는 다른 재능을 찾아보자고 제안했다. 그런데 우리나라의 어느 부모가 자기 자식이 공부보다는 다른 걸 하는 게 낫겠다는 말에 수긍하겠는가? 승호의 부모 역시 승호의 사촌 중에는 명문대학을 간 형과 누나도 있으니 승호는 끝까지 공부를 해야 한다면서 학원을 옮겼다.

어쩌다 지나는 길에 만난 승호는 맥없이 축 처져 있었다. 그리고 몇 년 후 지방의 한 대학에 들어갔다. 그리고 졸업 후에는 아빠의 횟집 일을 돕고 있다.

18
손으로만 공부하는 아이

중3 여학생 선아는 붙임성이 있고 명랑한 학생이다. 나중에 장사를 하면 잘하겠다는 판단이 들었다. 선아는 그간 영어 공부를 거의 안 했다. 나중에 열심히 하면 된다고 생각했고 3학년 2학기가 되어 우리 학원에 다니기 시작했다. 선아는 기초가 너무 없어서 초등 영어부터 해야 했다. 중간고사가 다가오고 있었다. 선아의 엄마는 중간고사를 대비해 달라고 했다. 기초가 없어서 힘들다고 설명을 했지만 막무가내였다. 학원은 하는 수 없이 시험 대비 학습을 시작했다.

선아는 단어와 단어 뜻을 손으로 열심히 썼다. 하지만 다 쓰고 난 다음엔 곧 다 까먹었다. 선아는 생각 없이 손만 부지런히 움직이고 있었다. 그리고 자신이 열심히 한다고 생각하고 있었다. 선아에게는 example도 '예를 들어'이고, experience(경험)도 '예를 들어'이고, experiment(실험)도 '예를 들어'이다. ex로 시작하는 모든 단어는 '예를 들어'이다. 그 이상은 생각하기가 싫다.

돈 되는 공부가 진짜 공부다

선아에게 손보다는 머리로 공부하는 방법을 가르쳐 주었다. 하지만 수년간 쌓여 온 습관이 하루아침에 고쳐지기는 힘들었다. 드디어 중간고사를 봤고 성적은 공부를 전혀 안 한 것과 별 차이 없었다. 선아가 우리 학원에 계속 다녔다면 손으로만 공부하는 습관이라도 고쳤을 것이다. 하지만 선아는 학원을 옮겼고 옮긴 학원에서도 손으로만 열심히 공부했다. 그렇게 여러 번 학원을 옮기며 공부한 끝에 지방의 한 대학에 들어갔다. 그리고 졸업 후 대학을 안 나온 친구들과 마찬가지로 몇 개월 알바를 하고 몇 개월 놀고 있다.

선아가 대학을 가지 않은 아이들과 무엇이 다를까? 누구에게 보일 만한 대학 간판도 아니고, 비록 이름 없는 대학이지만 실력이라도 열심히 쌓은 것도 아니고. 선아뿐만 아니라 한 해 대졸자의 60%가 대졸자가 아니어도 할 수 있는 일을 하고 있다. 차라리 그 돈으로 주식을 사 주거나 장사 밑천을 대 주는 게 훨씬 낫지 않을까?

19
엉뚱한 생각만 하는 아이

중2 남학생 인성이는 학습 내용을 놓고 늘 엉뚱한 생각을 한다. "Teenager(10대)는 담배를 피우면 안 된다(must not)."가 정답이지만 인성이는 "피워야 한다."가 정답이다. "19살이면 피워야 하는 거 아닌 가요?" 하고 반문한다. 외모도 참 개성이 있고 행동도 재미있다. 조폭과 군인을 섞어 놓은 듯한 경례를 하며 구호는 '충성'이다. 인성이는 공부는 바닥이었지만 내면에서 장점과 밝음이 보였다.

나는 인성이가 연기를 하면 딱 좋겠다고 생각했다. 물론 주연을 할 만한 외모는 아니지만 주연보다 더 인기 있고 생명력 있는 조연이 될 수도 있겠다는 확신이 들었다. 주위에 즐거움을 주는 사람이 인정받고 성공하는 시대다. 엉뚱한 생각을 자꾸 하다 보면 기발한 애드리브로 유행어를 만들 수도 있다. 나는 인성이에게 내가 잘 아는 후배인 김용화 감독의 영화 <미녀는 괴로워>를 보여 주었다. 인성이는 단번에 자기도 연기를 하고 싶다고 했다. 연기를 하려면 연

돈 되는 공부가 진짜 공부다

극영화과에 가야 하니 이제부터 열심히 공부하자고 했더니 그러겠다고 했다.

　나는 인성이의 엄마에게 내 생각을 얘기했다. 그러자 인성이의 엄마는 연기는 무슨 연기냐고 따지며 화를 냈다. 자기 아이를 공부 외의 딴 길로 꼬드기었으니 그간의 학원비를 다 돌려주지 않으면 학교폭력위원회에 신고하겠다고 했다. 학원 원장이 학교폭력위원회에 갈 일도 없지만 시끄러워서 좋을 일도 없다. 나는 그간의 학원비를 다 돌려주었고 인성이는 학원을 그만두었다. 몇 년 후 인성이는 지방의 한 전문대에 갔고 한 학기를 마치고 더 이상 못 다니겠다며 학교를 그만두었다. 그러고는 군대를 갔다.

20

문제풀이만 하는 아이

고1 여학생 세리는 멋 부리는 걸 좋아한다. 화장도 진하게 하고 치마도 짧게 줄여 입는다. 공부에는 별 관심이 없다. 학원은 엄마가 가래서 간다. 세리는 늘 숙제를 많이 달라고 한다. 오로지 문제 풀이만 달라고 한다. 학원은 세리의 요청대로 문제 프린트를 잔뜩 준다. 세리는 프린트를 집에 가져가서 문제는 읽어 보지도 않고 모든 문제의 정답을 찍는다. 그리고 엄마에게 이 많은 숙제를 다 했다고 한다. 엄마는 흐뭇해한다. 학원에 와서 채점을 하지만 그냥 채점만 하고 문제는 거들떠보지도 않는다. 설명을 하려 들면 딴청을 부린다.

세리가 어른이 되어 가장 하기 싫은 일은 바로 엄마가 하는 일이다. 세리의 엄마는 전통주점을 한다. 스승의 날이나 명절 때면 내게 전통주를 보낸다. 나는 세리에게 자신이 하고 싶은 일을 하려면 공부가 기본임을 늘 설명해 주었지만 세리는 늘 내 말을 무시했다. 하지만 학원은 꾸준히 다녔고 머리에 쌓이는 건 전혀 없이 프린트만 매

돈 되는 공부가 진짜 공부다

일 쌓여 갔다. 2년 후 세리는 지방의 한 대학에 들어갔고 현재는 엄
마 일을 돕고 있다.

21

일부러 망가진 아이

용운이는 원래 상계동에 살았다. 용운이가 중학생이 되자 아빠는 명문고인 서라벌고가 있고 강북 사교육의 중심지인 중계동으로 이사를 갔다. 아무래도 그쪽 학교가 낫고 그쪽 학교 아이들과 어울리면 공부를 더 열심히 할 거라는 생각에서였다.

그리고 아빠는 학생은 자기주도학습을 해야 한다는 믿음이 강해서 용운이를 학원에는 보내지 않았다. 물론 그 생각의 바닥에는 학원에 내는 돈이 아깝다는 생각이 훨씬 강했다. 용운이는 3년 동안 외롭게 지냈다. 친구들이 낯설었고 게다가 친구들은 다들 학원에 가는데 자기만 혼자 공부해야 했기 때문이다. 그러면서 아빠에 대한 원망이 쌓여 갔다.

중학교를 졸업할 때까지도 용운이의 성적이 오르지 않자 아빠는 상계동으로 다시 이사를 왔다. 그리고 용운이를 우리 학원에 맡겼다. 용운이는 공부를 열심히 할 동기가 전혀 없었다. 이유는 간단하다. 만약 공부를 잘하면 아빠가 옳은 셈이 된다. "거 봐, 중계동으로 학교를 옮겨서 자기주도학습을 하길 잘했지?" 이렇게 되는 건 죽기보다 싫다. 차라리 자신이 불행해지는 게 아빠에게 복수하는 셈이다. 결국 용운이는 대입에 실패하고 곧바로 해병대에 갔다.

22

플래닝의 힘

중1 남학생 예찬이와 주영이는 친구다. 같은 사립초등학교를 나왔고 둘 다 공부도 잘했다. 중1이 되어 사춘기를 겪는 과정도 비슷했다. 공부에 집중하지 못했고 스마트폰에 폭 빠졌다. 공부를 놓을 마음도 없어서 학원은 계속 다녔다. 나는 두 학생의 부모에게 어차피 겪는 과정이니 스스로 박차고 일어날 때까지 기다려 보자고 했다. 그리고 두 학생에게는 적정량의 과제를 주어 부담 없이 즐거운 마음으로 공부할 수 있도록 했다.

동시에 여러 가지 시청각 자료와 함께 공부를 하는 본질적이고 실질적인 이유에 대한 교육을 꾸준히 실시했다. 공부를 잘해 본 경험이 있는 학생들이라 내 말을 잘 이해하고 수긍했다. 2학년이 되자 차츰 공부에 대한 의욕이 생겼다. 시험 대비를 해 주었더니 중간고사에서 둘 다 90점 이상을 받았다. 그리고 얼마 후 또래 여학생 서현이가 학원에 왔다. 서현이는 혼자 공부해서 80점대의 성적을 유지했

돈 되는 공부가 진짜 공부다

었다. 기말고사 대비를 해 주었더니 세 학생 모두 90점 또는 100점을 받았다.

모든 건 이제부터다. 중학교 내신이 좋은 건 고등학교 공부와는 별 상관이 없다. 중학교 공부와 고등학교 공부는 차원이 다르기 때문이다. 중학교 시험의 경우 적은 시험 범위를 놓고 수년간 수많은 학교에서 수많은 문제를 만들어 냈다. 따라서 시험 범위 내의 지문과 공식을 다 외운 후 수많은 기출문제와 예상문제를 풀면 점수가 오른다. 반면 고등학교 공부는 시험 범위 자체가 몇 배로 많아지고 난이도도 껑충 뛴다. 긴 지문을 읽고 이해하고 추론할 수 있어야 풀 수 있는 문제들이다.

중학교 때 중학 내신에만 올인하면 고등학교 가서는 맥을 못 춘다. 고등학생이 집단 무기력증에 빠지는 이유다. 하지만 대부분의 중등 학원은 당장의 중학 내신에 올인한다. 부모들이 시험 점수에 모든 관심을 쏟기 때문이다. 점수가 떨어지면 학원을 옮기기 때문에 대부분의 시간을 중간고사와 기말고사 대비에 쓰는 것이다. 고등학생이 되어 적응 못하는 건 신경 쓸 이유가 없다. 어차피 고등학생이 되면 큰 학원으로 가니까.

우리 학원은 다르고 싶었다. 기말고사가 끝나자 나는 이 세 명의 학생에게 내가 지난 수년간 만들고 수정하여 완성한 학습플래너를 작성하게 했다. 매일 자기 전에 다음 날 계획을 세우고, 다음 날에 10분 단위로 실천사항을 기록하고, 그날 공부한 내용을 4일에 걸쳐 복습하고, 궁금한 사항은 반드시 기록해 다음 날 학교나 학원에서 해결하도록 만든 플래너이다. 학원은 학생을 기껏해야 한 주에 몇 시간 정도 지도하지만, 플래너는 하루 24시간 일주일에 168시간을 관리하는 셈이다.

처음엔 세 학생 모두 계획을 기록하는 난은 빼곡했는데 실천을 기록하는 난은 빈칸이 수두룩했다. 환경의 문제였다. 집에서 공부하면 아무래도 긴장이 풀린다. 앉으면 눕고 싶고 누우면 자고 싶은 게 사람이다. 게다가 손에는 스마트폰이 있고 책상 옆에는 침대가 있으니 공부가 제대로 될 리가 없다. 나는 세 학생 모두 밤 11시까지 그리고 토요일 일요일에도 개방하는 동네의 구립도서관에서 공부하도록 했다. 사실 어느 지역이든 지자체에서 운영하는 도서관은 시설이 최고다. 비싼 돈 들여 사설 독서실이나 스터디 카페를 가는 건 요즘 유행하는 허세일 뿐이다.

세 학생 모두 자기주도력이 있고 욕심도 있는 녀석들이라 학교와 학원 외의 대부분의 시간을 구립도서관에서 보냈고, 한 주가 지났을 땐 거의 계획대로 실천해 가고 있었다. 목표가 있고 욕심이 있다면 이제 공부는 엄살 부리며 적당히 하는 게 아니다. 쏟아붓는 것이다. 세 학생 모두 남은 방학 동안 중학 과정을 다 마쳤고 2학기가 되어 고등 과정을 시작했다. 학기 중에 교과 공부는 학교 수업에서 완성하고 수업 시간에 해결하지 못한 것만 학원에 와서 질문하도록 했다. 그리고 대부분의 시간은 고등학교 공부에 썼다.

중간고사와 기말고사 대비는 따로 하지 않았고, 가벼운 마음으로 즐기며 시험을 보도록 했다. 그런데도 다들 2~3개의 실수 외엔 다 맞았다. 공부를 잘하고 열심히 하는 학생들에게는 실수하라고 만든 중학교 시험 문제에서 실수 몇 개 하는 걸 부모들이 대수롭지 않게 여겨 주어야 한다. 그래야 고등학교 공부에 박차를 가할 수 있다.

드디어 우리 삼총사가 고등학생이 되었다. 이제부터 진검승부다. 중학 내신에 올인해 온 대부분의 학생들이 맥을 못 추는 동안 우리 삼총사는 그간 해 왔던 대로 뛰고 또 뛰었다. 잠은 충분히 자게 했다. 낮 동안 살아 있는 매 순간에 집중하는 게 가장 효율적이기 때문이다. 돈을 많이 써야 유리한 학생부종합전형은 신경 쓰지 않기로 했다. 오직 성적만 따지는 교과전형을 목표로 매진한 결과 삼총사는 전교 등수에서 엎치락뒤치락했고 결국 두 명은 고대, 한 명은 연대에 합격했다.

23
영어 하나만 잡아도

고1 남학생 현우는 내 고등학교 후배의 아들이다. 그런데 성적이 바닥이어서 인서울 대학을 도전하는 건 불가능해 보였다. 나는 『백범일지』에 있는 한 구절이 생각났다. 懸崖撒手丈夫兒(현애살수장부아). 낭떠러지에서 손을 놓아 버려야 대장부라는 뜻이다. 인서울 대학이라는 밧줄 하나만 놓아 버리면 신세계가 펼쳐진다. 내신이나 수능을 신경 쓰지 않아도 되니 고등 교과과정 중에 내가 할 수 있고 필요한 공부만 골라서 할 수 있다.

고등 영어에서 가장 많은 시간을 써야 하는 부분은 지문 독해이다. 이 중 많은 지문들이 세계 석학들의 논문에서 발췌한 것이라 어렵고 난해하다. 평범한 고등학생의 지적 수준으로 이 지문들을 공부하려면 억지로 이해하고 억지로 외우면서 많을 시간을 투자해야 한다. 중위권 이상의 학생들은 이 어려운 지문도 열심히 공부해 놓으면 나중에 대학 공부에서도 그리고 사회생활을 하면서도 큰 도움이

돈 되는 공부가 진짜 공부다

될 수 있다.

실제로 나는 미국 은행에서 일하면서 웬만한 표현과 문장들이 고등학교 영어 교재에 다 있는 걸 발견하고 신기해했었다. 하지만 하위권 학생들은 이 어려운 영어 지문을 다시 볼 일이 별로 없다. 다만 영어회화에 속하는 듣기와 대화문은 공부해 놓으면 써먹을 일이 있을뿐 아니라 공인 영어시험에도 도움이 된다.

나는 현우의 아빠에게 "고등 교과과정 중 영어의 듣기와 대화문 정도만 공부하고 다른 과목은 강의를 듣는다는 가벼운 마음으로 학교를 다니자. 그리고 공인 영어성적만으로도 입학이 가능한 싱가포르의 사립대학을 목표로 하자."라고 제안했다. 현우의 아빠는 선배인 나의 말을 순순히 따라 주었고, 현우 역시 신나게 공부했다. 공인 영어시험은 아이엘츠(IELTS)로 준비했고 남는 시간엔 내가 권해 주는 다양한 책을 읽었는데, 그중에 경영과 마케팅에 관한 책에 많은 흥미를 느꼈다.

3년 후 현우는 아이엘츠 6.0 이상을 받아 싱가포르의 한 사립대학교에 입학했다. 그런데 이게 웬일. 현우는 늦바람이 불었는지 정말 열심히 공부했고 2학년이 되자 아일랜드 국립대의 경영학과 학사과정으로 편입을 했다. 아일랜드 국립대에 다니던 중에 한국으로 와서 군 복무를 마쳤고 복학하기까지 몇 개월의 여유가 있어서 한 회사에서 알바를 했다. 이 회사가 어느 날 무역박람회에 참가를 했는데 외국 바이어와 영어로 대화할 직원이 마땅치 않았다. 때마침 현우가 영어 통역을 하게 되었고 사장은 현우 덕에 거래를 성사했다. 사장은 현우에게 졸업 후 정식으로 입사할 것을 제안했다. 현우는 남은 학업을 마치고 돌아와 이 회사에 특채되었다.

현우는 아빠가 정말 고맙고 존경스럽다고 말했고 아빠는 현우가 정말 고맙고 자랑스럽다고 말했다. 나는 이들만큼 친하고 돈독한 부자관계를 본 적이 없다. 그 옛날 오성과 한음 같다. 현우와 현우의 아빠는 이 모든 게 다 내 덕분이라고 말하지만 난 오히려 나를 믿고 따라와 주고 내 교육 커리어에 좋은 사례가 되어 준 이 훌륭한 아빠와 아들이 고마울 따름이다.

맺음말

나는 이 책의 중간에 공부는 타고난 능력이라는 메가스터디 손주은 회장의 말을 인용했었다. 그런데 길게 보면 공부는 능력보다는 습관이다. 사실 우리 삶은 습관 덩어리라고 해도 과언이 아니다.

내가 아는 한 부모는 고액의 사교육비를 들여 아이를 과외와 학원으로 돌리고 또 돌렸다. 그 아이는 결국 지방의 한 대학에 들어갔다. 그런데 그 대학 학생들은 대부분 중고등학교 때 자기주도적으로 공부를 해 본 경험이 없는 학생들이었다. 대학에서도 그들은 중고등학교 때의 습관 그대로였다. 수업 시간에 출석만 부르고 나가거나 강의실에 앉아 딴짓을 했다. 그 대학 졸업자들은 대부분 단순노무직이나 알바 일을 하고 있다. 그 아이 역시 졸업 후 남대문시장에서 장사를 하는 아빠의 일을 돕고 있다. 대학만 보내 놓으면 다가 아니다. 자기주도적으로 공부를 지속하지 않으면 어차피 원점이다.

우리 동네에 사는 한 지인은 회사 퇴직 후 스터디 카페를 차렸다. 처음엔 잘되는 듯했는데 근처에 더 크고 시설 좋은 스터디 카페가 들어서자 결국 폐업을 했다. 스터디 카페나 PC방 같은 시설 업종은 옆에 더 좋은 시설이 서면 망하게 되어 있다.

한 선배는 은행 퇴직 후 프랜차이즈 식당을 차렸는데 카운터에 앉아 계산하는 일 외엔 엄두를 내지 못했고 결국 퇴직금만 다 날리고 말았다. 프랜차이즈 사업은 진입 장벽이 낮아 누구나 퇴직금 정도로 뛰어들 수 있지만 그만큼 망하는 경우도 많다. 사업은, 특히 자영업은 자기 아이디어로 하는 것이고 자기 존재를 가꿔 끌림을 만드는 것이지 남의 노하우에 돈을 낸다고 되는 게 아니다. 공부하면 다 알 만한 기본적인 정글의 법칙도 모르면서 정글로 뛰어든 셈이다. 공부를 평생의 습관으로 만들지 못해서 겪는 불행들이다.

기승전 치킨집이라는 말이 있다. 좋은 대학 나와 대기업 퇴직 후 치킨집. 그냥 대학 나와 중소기업 퇴직 후 치킨집. 고등학교 나와 생산직에서 일하다가 치킨집. 중학생이 고3이 되는 게 정해져 있듯이 취직하면 퇴직을 하는 것도 정해져 있다. 게다가 요즘은 한 직장에서의 근속 기간이 몇 년 되지 않고 다음 직장도 기약할 수가 없다.

공부만이 살 길이다. 공부를 통해 자신의 부가가치를 올려 20대보다 30~40대에 더 성공하고 50~60대에 더욱더 성공하는 그런 삶을 살아야 한다. 그래서 학교 때 공부를 진심으로 열심히 해 봐야 한다는 것이다. 공부를 해 봤어야 어른이 되어서도 필요한 공부를 스스로 찾아서 할 것 아닌가? 공부 안 하고 허세만 부리다 나이가 들수록 초라해지는 삶은 정말 볼품없다.

돈 되는 공부가 진짜 공부다

작가 인터뷰

이 책을 쓰게 된 구체적인 계기는 무엇인가요?

저는 늘 10년의 거리를 두고 학생과 학부모를 바라봐요. 10년 후를 생각해 보면, 지금 학생들은 스마트폰에 허비할 시간이 없을 거고, 부모님들은 아이 때문에 마음 졸일 이유가 없을 거예요. 그래서 학생들에게는 "한 번쯤 진심으로 공부해 몰입해 보라"라는 말을, 학부모님들에게는 "아이 공부에 얽매이지 말고 자신의 삶을 성실히 살아가는 게 훨씬 더 나은 길이다"라는 말을 하고 싶었어요. 상담을 하다 보면 다들 고개를 끄덕이지만 돌아서면 다시 제자리로 돌아가는 경우가 많아요. 학생들은 여전히 의미 없이 시간을 보내고 부모님들은 지나치게 간섭하고 불필요한 지출을 하죠. 그래서 제 생각을 글로 남겨야겠다고 결심하게 됐어요.

장교, 펀드매니저, 애널리스트로 일하다가 어떻게 교육 일을 시작하게 되셨나요?

애널리스트로 일했던 JP모건은 저랑 문화적으로 너무 안 맞았어요. 지나치게 사무적이고 속내를 드러내지 않는 직원들을 대하는 게 참 재미없고 힘들었죠. 이민진 작가의 소설 『백만장자를 위한 공짜 음식』 속 여주인공 케이시(Casey)는 프린스턴대학교를 졸업한 엘리트지만 화려함과 매력적인 것을 좋아하는 자신의 성향 때문에 아버지가 원하는 로스쿨을 포기하고 백화점에서 모자 파는 일을 하게 돼요. 저도 케이시와 같은 류의 사람인 것 같아요. 결국 JP모건을 그만두고 패션사업에 도전했죠. 하지만 저는 사업을 할 만큼의 그릇은 아니었어요. 회사는 부도가 났고, 바닥부터 다시 시작해야 했죠. 그때 제게 남은 자산은 영어 하나밖에 없었어요. 그래서 영어를 가르치기 시작했는데, 오히려 이 일이 저와 너무 잘 맞더라고요. 그렇게 시작했던 일이 점점 커져서 영어, 수학, 과학을 가르치는 입시학원으로 성장하게 되었죠. 사람은 자기가 생긴 대로 살아가는 게 맞는 것 같아요.

작가님의 인생에 가장 도움이 된 공부는 어떤 것이었나요?

저에게 가장 도움이 된 공부를 꼽자면 역시 영어죠. 영어 발음을 유창하게 흉내 내는 게 매력적으로 느껴졌고, 그게 제 성향과도 잘 맞았어요. 멋스럽게 보이고 싶어서 시작한 영어 공부가 저를 미국은행에서 일하게 만들었고, 나중에는 영어학원까지 열게 되었으니까요. 제겐 영어 공부가 단순한 학습을 넘어 먹고사는 도구가 된 셈이에요.

학창 시절과 현재의 작가님의 시점에서 공부란 각각 어떤 의미일까요?

학창 시절엔 공부가 가난에서 벗어나 신분 상승을 이루기 위한 수단 정도였어요. 억지로 붙잡은 거였지, 특별한 의미는 없었죠. 하지만 지금의 공부는 자기만족의 의미가 훨씬 커요. 영화 <인턴>에서 로버트 드 니로가 퇴직 후 여행을 즐기지만, 그것도 잠깐이잖아요. 사람은 평생 열정을 쏟을 뭔가가 필요한데, 공부와 독서만큼 돈 안 들고 재미

돈 되는 공부가 진짜 공부다

있는 게 없는 것 같아요. 특히 인문학은 사람을 이해하는 데 큰 도움이 되어서, 학생과 학부모, 교육 관계자를 대할 때도 큰 도움이 돼요.

지나온 길을 돌이켜 봤을 때, 가장 후회되는 일은 무엇인가요?

학창 시절엔 방황하느라 공부에 온전히 집중하지 못했어요. 젊은 시절에는 이상적인 미래를 그리느라 현재를 놓쳤던 게 가장 후회돼요. 지금 생각하면 아무것도 아닌 일들 때문에 왜 그리 많은 방황을 했나 싶어요. 요즘은 '지금 여기'에 충실하려고 노력해요.

입시 전문가로 계시면서 기억에 남는 학생 혹은 학부모가 있나요?

책에도 소개된 야간대학에 다니는 엄마와 그 딸이 가장 기억에 남아요. 제 생각엔 가장 이상적인 '엄친과 엄친딸'이었어요. 엄마는 엄마대로 늦깎이 대학생으로서 자신의 삶에 충실했고, 딸은 딸대로 그런 엄마를 보면서 우리 학원에 다닌 것 외엔 거의 혼자 공부해서 고려대에 갔어요. 당당하게 자신의 길을 가는 부모의 모습이야말로 아이에게는 가장 큰 교육이라는 것을 보여준 좋은 사례였어요. 아이는 부모의 간섭으로 자라는 게 아니라 부모의 등을 보고 자라니까요.

현대 교육환경에서 가장 변화가 필요한 부분은 무엇일까요?

요즘 우리 교육에는 독서와 사색이 없어요. 윤동주의 시를 읽고 밤하늘의 별을 헤아려 보기도 하고, 헤르만 헤세의 『데미안』을 읽고 알을 깨고 나와 어제보다 조금 더 배우고 성장하겠다는 다짐도 해보는 것, 그런 경험이 진짜 값진 공부가 아닐까요?

독일의 철학자 괴테가 이런 말을 했어요. "학교에서는 너무 많은 과목을 너무 깊게 가르친다. 어디다 쓰려고 그러는가?" 마치 지금 우리나라 교육을 두고 한 말 같죠. 2028년 대입 개편 이후에는 수시 교과전형과 정시에서도 학생부를 반영한다고 해요. 학생부 관리가 필수가 되는 건데, 비중이 가장 큰 평가대상이 바로 탐구보고서(소논문)예요. 과목별로 한 학기에 한 편씩 작성해서 제출해야 하는데, 이 탐구보고서를 작성하려면 사교육의 도움이 절대적이에요. 그래서 학생부 전형을 '금수저 전형'이라고들 하는 거예요.

개인적으로 저는 탐구보고서 대신 독후감을 제출하는 것이 훨씬 나은 방향이라고 생각해요. 물론 독후감을 쓰는 데도 사교육이 끼어들 여지가 없지는 않지만, 형식보다는 깊이로 접근하게 한다면 얘기가 달라질 수 있어요. 어릴 때부터 독서와 사색을 꾸준히 한 학생이라면 독후감에서 그 깊이가 자연스럽게 드러날 거예요. 입학사정관이라면 그 깊이를 알아보는 안목은 있을 거고요.

공부를 할 때 제일 중요한 마인드셋은 무엇일까요?

그냥 공부가 재미있지 않나요? 아니라고요? 그럼 지는 거죠. 남들한테도 지는 거지만 내 인생한테도 지는 거예요. 마치 태어났으니 살아야 하는 것처럼, 사람이니까 공부를 해야죠. 억지로라도 재미있게

돈 되는 공부가 진짜 공부다

받아들이려는 태도가 필요해요. 그러다 보면 어느새 정말로 재미있어지거든요. 판타지 만화 『베르세르크』에 "도망쳐서 도착한 곳에 낙원이란 있을 수 없는 거야"라는 대사가 나와요. 도망치지 마세요. 지금, 여기에 충실하는 게 더 나은 선택이에요.

교육자이자 인생 선배로서 한창 자라나는 학생들이 어떻게 성장하기를 바라시나요?

주위를 보면 당당하고 멋지게 사는 어른들도 있고, 어딘가 초라하거나 꼴불견인 어른들도 있어요. 당당하고 멋지게 사는 분들은 아마도 학창 시절에 시간을 귀하게 여기고 공부를 열심히 했을 거예요. 혼자 있을 때 스스로를 절제하며 노력했던 태도를 평생 유지해 왔겠죠.

자기 안의 목소리에 귀를 기울이면서 멈추지 않고 성장해 나가는 게 중요해요. 잘나가는 연예인도 내적 성장을 이루지 못하면 결국 빛을 잃기 마련이거든요. 어제보다 오늘, 오늘보다 내일 조금이라도 더 나아지려고 노력하면 20대보다 30대가, 30대보다 40대, 그리고 50대가 더 멋진 사람이 될 수 있어요.

'성공한 삶'이란 무엇일까요?

두 가지를 말하고 싶어요. '돈이 다가 아니다'라고들 하잖아요. 맞아요. 사람은 일이 있어야 해요. 그런데 그 일이 가족이나 사회의 잣

대에 얽매여 있거나 먹고살기 위해 마지못해 하는 일이라면 불행한 삶이겠죠. 반대로 내가 정말 좋아하는 일을 신나고 설레는 마음으로 하고, 남을 도우려는 마음으로 한다면 그 일은 자연스럽게 돈으로도 연결돼요. 누구나 사랑받을 자격이 있는 것처럼 누구나 돈을 담을 수 있는 그릇을 갖고 있어요. 좋아하는 일을 통해 그 그릇을 채워가는 삶이 성공한 삶이라고 생각해요.

또 하나는 지적인 관심사를 공유할 수 있는 친구들이 있는 삶이에요. 코드가 맞고, 지적 수준이 비슷한 친구들이요. 밤새도록 이야기해도 즐거운 사람이 있는가 하면 잠깐을 만나도 대화의 수준이 안 맞아서 시간이 아까운 사람이 있어요. 나이와 상관없이 자식과도 친구가 될 수 있고 부모님 세대와도 친구가 될 수 있어요. 대화와 취미를 공유할 수 있는 친구들이 있는 것이 정말 중요해요.

이 두 가지는 오로지 공부와 독서를 통해 가능해요. 평생 동안 공부하고 독서하면서 성장하게 되면 내가 좋아하는 일도 찾게 되고, 돈도 벌 수 있고, 코드가 맞고 수준이 맞는 친구도 만나게 돼요. 그래서 학생들에게 공부하고 독서하라고 권하는 거예요.

작가님의 꿈이 궁금합니다.

건강이 허락하는 한 계속 학생들을 가르치고, 학부모님들과 대화하고, 후배 강사들을 돕고 싶어요. 그리고 하나의 인생이 아니라 여러 개의 인생을 살고 싶어요. 대학생 때 MBC강변가요제에 출전했었

돈 되는 공부가 진짜 공부다

는데 입상은 못했지만, 여전히 연주를 즐기거든요. 책을 좋아하는 대학 친구들과 축령산 밑자락에 있는 책방에 모여 독서 토론도 하고, 기타를 치며 화음을 맞추기도 해요. 가족과 여행하면서 새로운 글감, 대화 소재, 음악의 영감을 찾는 것도 일상의 일부죠. 교육자, 뮤지션, 작가, 여행가… 이 여러 가지 모습으로 사는 게 제 꿈이고, 매일 실천하려고 노력하고 있어요.

마지막으로, 학생들에게 딱 한 마디만 조언 부탁드립니다.

책 속에 돈이 있다는 말을 꼭 해주고 싶어요. 제 주변을 보면 한 친구는 고전문학을 공부하다 한의사가 되었고, 한 친구는 인문학을 기반으로 명품을 마케팅해서 강남 부자가 됐죠. 국영수를 열심히 공부해 출판사 대표가 된 친구도 있고, 지리학을 공부하다가 고철 장사로 큰 성공을 거둔 친구도 있어요. 저 역시 영어 공부를 하지 않았다면 지금과는 다른 삶을 살고 있겠죠. 진심으로 하는 공부는 어떤 식으로든 돈과 연결된다는 확신을 가졌으면 좋겠어요.

작가 홈페이지

돈 되는 공부가 진짜 공부다

진짜 공부법으로 앞서가고 싶은 너에게

발행일 2024년 11월 18일

지은이 박현영

펴낸이 마형민

기획 신건희

편집 곽하늘 최지민 김예은

디자인 김안석 구혜린

펴낸곳 (주)페스트북

주소 경기도 안양시 안양판교로 20

홈페이지 festbook.co.kr

ISBN 979-11-6929-624-3 03370

값 15,000원